D1662352

Brigitte Rezepte

Gestaltung: Dietmar Meyer,
Ekkhart Blunck
Fotos: Ortwin Möller

Herausgeberin: Anne Volk
Lektorat: Marita Heinz
Produktion: Bernd Bartmann,
Druckzentrale G + J
Satz: Alster-Lichtsatz GmbH,
Hamburg
Lithografie: eichenberg repro + satz
gmbh, Hamburg
Druck: Mohndruck,
Graphische Betriebe Gütersloh

Printed in Germany
ISBN 3-570-08060-9

Brigitte Rezepte

Die 300 beliebtesten Sammelrezepte

Das große Brigitte-Kochbuch,
das auf die Frage
„Was koche ich heute?"
immer eine Antwort bereithält.

Ein Brigitte-Buch
im Mosaik Verlag

Inhalt

Vorweg

Dieses Buch will Ihnen dabei helfen, auf die Frage „Was koche ich heute?" leicht eine Antwort zu finden. Wer täglich etwas Schmackhaftes, Abwechslungsreiches und Gesundes auf den Tisch bringen will, weiß, daß sie nicht immer einfach zu beantworten ist. Oft fehlt die Zeit fürs Planen und fürs geruhsame Einkaufen. Und nicht selten muß auch das Kochen schneller gehen, als wir es uns wünschen.

Dennoch soll Essen ja mehr sein als „Verpflegung" und seine Zubereitung möglichst keine lästige Routine und kein Streß. Und alle Familienmitglieder sollen sich auf die gemeinsame Mahlzeit freuen und sie genießen.

Dabei helfen die Brigitte-Sammelrezepte seit mehr als zwanzig Jahren. Auf Wunsch vieler Leserinnen haben wir daher aus den beliebtesten von ihnen dieses Buch zusammengestellt. Es will nicht nur Ihren Küchenalltag erleichtern, sondern Ihnen auch eine reiche Auswahl an Gerichten anbieten, mit denen Sie Gäste bewirten können. Alles wurde von den Profis der Brigitte-Versuchsküche mehrfach getestet – und von Millionen von

Leserinnen für besonders gut befunden.

Es versteht sich von selbst, daß alle Rezepte dem neuesten Stand der Erkenntnisse über gesunde Ernährung entsprechen. Besonders umfangreich ist daher das Kapitel „Fleischlos" (ab Seite 214). Sie werden sehen: Niemand wird bei diesen Gerichten das Fleisch vermissen! Sich gesünder ernähren (also ab und zu auf Fleisch verzichten) tun die meisten von uns ja nur dann, wenn ihnen die Alternative genauso gut schmeckt… Außerdem sind viele Rezepte dieses Buches vollwertig, was ja nicht immer auch vegetarisch bedeutet. Mehr und mehr Menschen entdecken, wie gut ihnen diese Form der Ernährung bekommt – und schmeckt! Sie muß übrigens nicht mehr Arbeit machen oder länger dauern als herkömmliches Kochen.

Apropos Zeit: In diesem Buch ist überall genau angegeben, wie lange ein Gericht in Anspruch nimmt, bevor es auf dem Tisch steht. Beim täglichen Kochen ist es ja besonders wichtig, genau planen zu können. Da Sie selbst am besten wissen, auf welche Informationen Sie besonderen Wert legen, sind nicht nur die Kalorien genau angegeben, sondern auch Eiweiß, Fett und Kohlenhydrate.

Die meisten Gerichte dieses Buches sind Hauptgerichte, sättigende Mahlzeiten für die angegebene Personenzahl also. Falls es sich um Vor- oder Nachspeisen handelt, ist das bei den Portionsangaben extra erwähnt.

Es ist uns besonders wichtig, Ihnen mit diesen Rezepten ein sehr vielfältiges Angebot für das ganze Jahr zu machen. Wenn Sie ein verlockendes Sonderangebot oder etwas besonders Frisches mit nach Hause nehmen wollen, dann sollen Sie sich darauf verlassen können, in diesem Buch ein reizvolles Rezept dafür zu finden.

SALATE

Als Vorspeise, Imbiß oder bunte Beilage sind sie unentbehrlich. Aber auch als gesundes, leichtes Hauptgericht werden sie immer beliebter. Und da sie leicht zu vervielfältigen sind, eignen sich Salate auch besonders gut für Gäste.

Löwenzahnsalat

vollwertig

250 g Löwenzahnblätter,
1 Pfirsich, 1 Zwiebel,
1 Becher Joghurt (3,5 %),
3 Essl. Milch,
Salz,
frisch gemahlener Pfeffer,
1 Teel. Curry, 1/2 Zitrone,
Zucker, 2 hartgekochte Eier.

Löwenzahnblätter abspülen, trockentupfen, zerpflükken. Pfirsich fein würfeln. Mit Zwiebelwürfeln, Joghurt, Milch, Salz, Pfeffer, Curry, Zitronensaft und einer Prise Zucker verrühren. Löwenzahnblätter mit Eierscheiben auf Tellern anrichten. Soße darübergießen und sofort servieren. (10 Minuten)

Dieses Rezept ist für vier Portionen berechnet und enthält: Eiweiß: 27 g, Fett: 19 g, Kohlenhydrate: 44 g, 460 Kalorien, pro Portion ca. 115 Kalorien

Dazu: Vollkorntoast

Salat aus Radicchio und Fenchel

vollwertig

1 Radicchio (etwa 220 g),
1 grosser Apfel,
1 Fenchelknolle (etwa 250 g),
1 Zitrone,
1 Teel. Honig,
Salz,
frisch gemahlener Pfeffer,
4 Essl. Sesamöl.

Radicchioblätter in Streifen, Apfel in Spalten schneiden. Fenchelknolle halbieren und in Spalten schneiden. Für die Soße Zitronensaft mit Honig, Salz und Pfeffer verrühren. Öl nach und nach unterschlagen. Salatzutaten mit der Soße vermischen und etwa 30 Minuten durchziehen lassen. Zum Essen mit Fenchelgrün bestreuen. (Ohne Wartezeit 15 Minuten)

Dieses Rezept ist für vier Portionen berechnet und enthält: Eiweiß: 7 g, Fett: 40 g, Kohlenhydrate: 39 g, 516 Kalorien, pro Portion ca. 135 Kalorien

Dazu: getoastetes Vollkornrosinenbrot

Käse-Sprossen-Salat

vollwertig

1 Batavia-Salat, 250 g Möhren,
1/2 Staudensellerie,
100 g Mungobohnensprossen,
100 g Emmentaler Käse,
1/2 Teel. Edelsüss-Paprika,
1 Becher saure Sahne (150 g),
1/2 Zitrone, 1 Essl. Honig,
frisch gemahlener Pfeffer,
Salz, 1/2 Päckchen Kresse.

Die Hälfte vom Batavia-Salat in Streifen schneiden, die restlichen Blätter ganz lassen. Geraspelte Möhren mit Sellerieringen und Sprossen vermischen. Salatstreifen auf Salatblättern in einer großen, flachen Schüssel anrichten. Darauf das vermischte Gemüse geben. Käse sehr fein hobeln und auf den Salat streuen. Mit Paprika würzen. Saure Sahne mit Zitronensaft, Honig, Pfeffer und Salz abschmecken und über den Salat gießen. Mit Kresseblättchen bestreuen. (20 Minuten)

Dieses Rezept ist für vier Portionen berechnet und enthält: Eiweiß: 13 g, Fett: 16 g, Kohlenhydrate: 52 g, 730 Kalorien, pro Portion ca. 180 Kalorien

Dazu: Nussbrot, Butter

Gurkensalat mit Haselnüssen

vollwertig

40 g Haselnusskerne,
20 g Butter oder Margarine,
1 Salatgurke,
1 Becher Schmand (200 g;
oder stichfeste saure Sahne),
Salz, 1/4 Teel. Honig,
frisch gemahlener Pfeffer,
1 Bund Dill.

Die Haselnußkerne blättrig schneiden. Das Fett in einer Pfanne erhitzen und die Haselnußblättchen darin kurz anrösten. Die Gurke schälen und in dünne Scheiben schneiden. Schmand mit Salz, Honig und Pfeffer verrühren. Die Gurkenscheiben in drei Portionsschälchen verteilen. Den Dill waschen, trockentupfen und kleine Zweige abzupfen. Auf den Gurken verteilen. Die Soße darübergießen und mit Nußblättchen bestreuen.
(20 Minuten)

Dieses Rezept ist für drei Portionen berechnet und enthält: Eiweiß: 12 g, Fett: 101 g, Kohlenhydrate: 18 g, 1082 Kalorien, pro Portion ca. 360 Kalorien

Dazu: Baguette

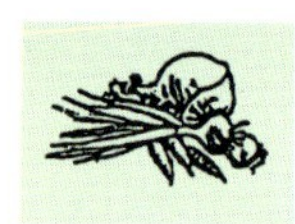

Friséesalat mit Frischkäse

vollwertig

1 kleiner Friséesalat (ersatzweise Endiviensalat), 300 g Erdbeeren, 1 Zucchino, 1 Paket Frischkäse (220 g), 2 Essl. Orangensaft, 1 Essl. Essig, Salz, frisch gemahlener Pfeffer, etwas Honig, 3 Essl. Öl.

Friséesalat waschen, trockentupfen und zerpflücken. Erdbeeren waschen, trockentupfen und putzen. Große Beeren halbieren. Zucchino waschen und in Scheiben schneiden. Alles in einer Schüssel oder auf einer Platte anrichten. Zerbröckelten Frischkäse darüber verteilen. Orangensaft, Essig, Salz, Pfeffer und Honig verrühren. Öl mit einer Gabel unterschlagen. Über die Salatzutaten gießen und sofort servieren. (15 Minuten)

Dieses Rezept ist für vier Portionen berechnet und enthält: Eiweiß: 34 g, Fett: 46 g, Kohlenhydrate: 56 g, 807 Kalorien, pro Portion ca. 205 Kalorien

Dazu: Weizenvollkornbrot

Salat mit Knoblauchbrot

4 Knoblauchzehen, Salz, 8 Essl. Olivenöl, 1/2 Baguette, 1 Kopf Salat (z. B. Endivien-, Eisberg- oder Friséesalat), 2 Zwiebeln, 1 Avocado, 1/2 Zitrone, 125 g Räucherschinken in dünnen Scheiben, 3 Essl. Rotweinessig, 1 Grapefuit, 1 Essl. milder Senf, frisch gemahlener Pfeffer, Zucker.

Knoblauch abziehen und zerdrücken. Mit Salz und vier Eßlöffel Olivenöl verrühren. Brot in dünne Scheiben schneiden und mit dem Knoblauch beträufeln. Scheiben nebeneinander auf ein Backblech legen und in den Backofen schieben. Auf 250 Grad/Gas Stufe 5 schalten und das Brot in etwa 15 Minuten hellbraun backen. Inzwischen Salat zerpflücken, waschen und gut trockentupfen. Zwiebeln abziehen und auf einem Gurkenhobel in hauchdünne Ringe schneiden. Avocado schälen, halbieren und entkernen. Avocado in Scheiben schneiden und mit Zitronensaft beträufeln. Salatblätter mit Zwiebeln, Avocado und Räucherschinken anrichten. Essig, vier Eßlöffel Grapefruitsaft und Senf verrühren. Restliches Öl unterschlagen. Die Soße mit Salz, Pfeffer und Zucker abschmecken. Über die Salatzutaten gießen und sofort servieren. Das Knoblauchbrot dazu reichen. (30 Minuten)

Dieses Rezept ist für vier Portionen berechnet und enthält: Eiweiß: 43 g, Fett: 136 g, Kohlenhydrate: 123 g, 1973 Kalorien, pro Portion ca. 495 Kalorien

Salat mit Knoblauchbrot

Friséesalat mit Frischkäse

Bohnensalat mit Weizen

vollwertig

150 g Weizen, Salz,
500 g grüne Bohnen,
1 Dose rote Bohnen
(Einwaage 500 g),
2 Zwiebeln,
2 Essl. Senf,
3 Essl. Rotweinessig,
1 Essl. Honig,
frisch gemahlener Pfeffer,
6 Essl. Olivenöl,
1 Bund Petersilie.

Weizen über Nacht in einem Liter Wasser einweichen. Im Einweichwasser mit etwas Salz 50 Minuten sanft kochen. Bohnen in Salzwasser 15 Minuten kochen. Abgekühlten Weizen und beide abgetropften Bohnensorten mit Zwiebelringen mischen. Senf, Essig, Honig, Salz, Pfeffer und Öl mit den Quirlen des Handrührers verrühren. Über die Salatzutaten gießen und zwei Stunden durchziehen lassen. Mit Petersilienblättchen bestreut servieren. (Ohne Wartezeit 30 Minuten)

Dieses Rezept ist für sechs Portionen berechnet und enthält: Eiweiß: 88 g, Fett: 81 g, Kohlenhydrate: 299 g, 2409 Kalorien, pro Portion ca. 400 Kalorien

Roggen-Gemüsesalat mit Meerrettich

vollwertig

100 g Roggen, 1 Zwiebel,
1 Lorbeerblatt,
1 Teel. Instantbrühe,
1 Dose Kichererbsen
(Einwaage 425 g),
250 g Möhren, 1 Avocado,
150 g Emmentaler Käse,
1 Bund Petersilie,
1 Essl. Zitronensaft,
3 Essl. Öl, Salz,
frisch gemahlener Pfeffer,
2 Essl. frisch geriebener
Meerrettich.

Roggen waschen und in 200 ml Wasser über Nacht einweichen. Im Einweichwasser mit Zwiebel, Lorbeerblatt und Brühe bei kleiner Hitze 30 Minuten kochen. Von der Kochstelle nehmen und noch 30 Minuten ausquellen lassen. Roggen abgießen, Brühe auffangen und beiseite stellen. Kichererbsen auf einem Sieb abtropfen lassen. Möhrenscheiben fünf Minuten kochen. Avocadostücke, abgekühlte Möhrenscheiben, Käsestifte, Petersilienblättchen, Kichererbsen und Roggen vermischen. Zitronensaft und den Rest der Roggenbrühe (etwa drei

Eßlöffel) verrühren. Öl unterschlagen. Mit Salz und Pfeffer abschmecken. Über den Salat geben und mit Meerrettich bestreuen. (Ohne Wartezeit 20 Minuten)

Dieses Rezept ist für sechs Portionen berechnet und enthält: Eiweiß: 103 g, Fett: 137 g, Kohlenhydrate: 228 g, 2572 Kalorien, pro Portion ca. 430 Kalorien

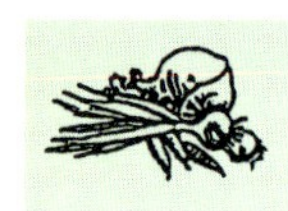

Mozzarella-Käse mit scharfem Avocado-Mus

vollwertig

1 Mozzarella-Käse (150 g),
1 Avocado, 1/2 Zitrone,
6 Essl. Sahne, Salz,
frisch gemahlener Pfeffer,
Rosenpaprika,
1 rote Paprikaschote.

Mozzarella abtropfen lassen. Avocado halbieren und den Kern entfernen. Das Fruchtfleisch mit einem Löffel aus der Schale heben und mit einer Gabel zerdrücken. Das Mus mit Zitronensaft und Sahne verrühren und mit Salz, Pfeffer und Paprika scharf abschmecken. Die Paprikaschote entkernen und in feine Streifen schneiden. Den Käse in dünne Scheiben schneiden und auf drei Teller verteilen. Das Avocado-Mus und die Paprikastreifen darauf verteilen und servieren. (20 Minuten)

Dieses Rezept ist als Vorspeise für drei Portionen berechnet und enthält: Eiweiß: 35 g, Fett: 86 g, Kohlenhydrate: 17 g, 1009 Kalorien, pro Portion ca. 335 Kalorien

Dazu: Knäckebrot

Selleriesalat mit Schinken und Ei

4 Eier, 1 Dose Sellerieschеiben (Einwaage 530 g),
150 g gekochter Schinken,
1 Bund glatte Petersilie,
1/2 Glas Remoulade (125 g),
1 Becher Joghurt (3,5 %),
2 Essl. Weinbrand (evtl. weglassen),
2 Essl. Tomatenmark, Salz,
frisch gemahlener Pfeffer,
Edelsüss-Paprika.

Eier in zehn Minuten hart kochen. Selleriescheiben abtropfen lassen und halbieren. Mit Schinkenstreifen, Petersilienblättern und Eischeiben in eine Schüssel geben. Remoulade mit Joghurt, Weinbrand und Tomatenmark verrühren. Mit Salz, Pfeffer und Paprika abschmecken. Die Soße über die Salatzutaten gießen und durchziehen lassen. (Ohne Wartezeit 15 Minuten)

Dieses Rezept ist für fünf Portionen berechnet und enthält: Eiweiß: 73 g, Fett: 151 g, Kohlenhydrate: 51 g, 1924 Kalorien, pro Portion ca. 380 Kalorien

Dazu: Bauernbrot

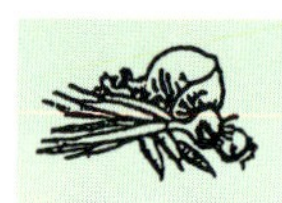

Pilz-Käsesalat mit Paprika

vollwertig

Je 1 rote und gelbe Paprikaschote, Salz, 200 g Champignons, 100 g Parmesankäse, 2 Essl. Olivenöl, 1 Knoblauchzehe, frisch gemahlener Pfeffer.

Paprikaschoten waschen, halbieren und entkernen. Schoten in hauchdünne Scheiben schneiden. In kochendes Salzwasser geben und eine Minute sprudelnd kochen lassen. Herausnehmen und abkühlen lassen. Pilze putzen, waschen und in Scheiben schneiden. Parmesankäse in dünne Scheiben hobeln (mit einem Sparschäler oder einem scharfen Käsehobel). Paprikaschoten bergartig auf Portionstellern anrichten. Pilze und Käse darüber verteilen. Aus Essig, Öl, zerdrücktem Knoblauch, Salz und Pfeffer eine Salatsoße rühren. Über die Salatzutaten gießen und sofort servieren. (20 Minuten)

Dieses Rezept ist für vier Portionen berechnet und enthält: Eiweiß: 46 g, Fett: 34 g, Kohlenhydrate: 24 g, 784 Kalorien, pro Portion ca. 200 Kalorien

DAZU: BROT

Champignonsalat

500 G CHAMPIGNONS,
2 ZITRONEN, 1 ESSL. MEHL,
1/2 STAUDENSELLERIE
(ETWA 250 G),
1 GLAS CORNICHONS
(EINWAAGE 330 G),
ETWA 1 ESSL. GERIEBENER
MEERRETTICH, SALZ,
FRISCH GEMAHLENER PFEFFER,
ZUCKER, 4 ESSL. ÖL,
EINIGE SALATBLÄTTER,
GROBES MEERSALZ.

Champignons in Wasser (mit dem Saft einer Zitrone und Mehl) waschen. Stiele knapp abschneiden und die Pilze in Scheiben schneiden. Mit restlichem Zitronensaft beträufeln. Sellerie und Cornichons in dünne Scheiben schneiden. Champignons, Sellerie und Cornichons vermischen. Für die Soße Meerrettich mit zwei Eßlöffel Cornichonwasser, wenig Salz, Pfeffer, einer Prise Zucker und Öl verrühren. Über die Salatzutaten gießen und durchmischen. Auf Salatblättern anrichten und mit etwas grobem Salz bestreut servieren. (30 Minuten)

Dieses Rezept ist für acht Portionen berechnet und enthält: Eiweiß: 17 g, Fett: 50 g, Kohlenhydrate: 41 g, 729 Kalorien, pro Portion ca. 90 Kalorien

DAZU: BAGUETTE

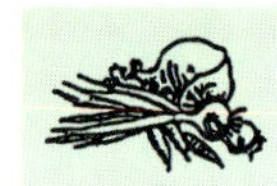

Scharfer Kohlsalat

500 g Weisskohl
(aus frischer Ernte),
Salz, 3 Tomaten, 1 Zwiebel,
1 eingelegte Chilischote,
2 Essl. Essig, 1 Knoblauchzehe,
1 Prise Zucker, 3 Essl. Öl.

Vom Weißkohl die äußeren welken Blätter entfernen. Den Kopf vierteln und den harten Strunk herausschneiden. Kohl in feine Streifen schneiden und mit einem Teelöffel Salz in eine Schüssel geben. Mit einem Kartoffelstampfer so lange stampfen, bis der Kohl glasig wird und Flüssigkeit austritt. Tomaten mit kochendem Wasser übergießen und die Haut abziehen. Tomaten quer halbieren und die Kerne vorsichtig herausdrücken. Zwiebel abziehen und in Ringe schneiden. Chilischote in feine Ringe schneiden und entkernen (dabei Gummihandschuhe anziehen). Zwiebelringe und Tomatenstreifen zum Kohl geben. Essig mit zerdrücktem Knoblauch, Salz und Zucker verrühren. Das Öl mit einer Gabel unterschlagen. Die Soße über den Salat gießen und gut mischen. Mindestens eine Stunde durchziehen lassen.
(Ohne Wartezeit 20 Minuten)

Dieses Rezept ist für vier Portionen berechnet und enthält: Eiweiß: 13 g, Fett: 36 g, Kohlenhydrate: 32 g, 552 Kalorien, pro Portion ca. 140 Kalorien

Dazu: Bauernbrot

Rosenkohlsalat mit Kaperncreme

500 g Rosenkohl, Salz,
150 g durchwachsener Speck,
5 Essl. Olivenöl,
2 Schalotten,
1 Knoblauchzehe,
frisch gemahlener Pfeffer,
1 Essl. Rotweinessig,
1 Essl. Kapern,
3 Essl. Schlagsahne.

Rosenkohl putzen und in Salzwasser zehn Minuten kochen. Speckwürfel mit einem Eßlöffel Öl in einer Pfanne bei kleiner Hitze ausbraten. Für die Kaperncreme Schalottenwürfel mit zerdrücktem Knoblauch, Salz, Pfeffer, Essig und gehackten Kapern verrühren. Restliches Öl und Sahne unterschlagen. Rosenkohl in den heißen Speckwürfeln wenden. Kaperncreme darübergießen und vermischen. (25 Minuten)

Dieses Rezept ist für vier Portionen berechnet und enthält: Eiweiß: 32 g, Fett: 168 g, Kohlenhydrate: 32 g, 1871 Kalorien, pro Portion ca. 470 Kalorien

Dazu: Vollkornbrot

Fenchelsalat mit Datteln

Spargelsalat mit Äpfeln und Nüssen

Spargelsalat mit Äpfeln und Nüssen

vollwertig

500 g Spargel,
Salz, 1 Prise Zucker,
30 g Butter, 1/2 Zitrone,
2 kleine Äpfel,
2 Köpfe grüner Salat,
120 g geräucherte Putenbrust
(ersatzw. geräuchter Käse),
50 g Walnusskerne,
1 Päckchen Kresse,
1/2 Becher Schlagsahne (125 g),
3 Teel. körniger Dijon-Senf,
2 Essl. Apfelessig,
frisch gemahlener Pfeffer.

Den Spargel schälen. Die holzigen Endstücke abschneiden. Spargel in einem halben Liter Salzwasser mit Zucker, Butter und Zitronensaft 20 Minuten kochen. Äpfel waschen, vierteln und das Kerngehäuse entfernen. Äpfel in kleine Stücke schneiden. Vom Salat die Herzen herausschneiden (Salatblätter anderweitig verwenden). Abgetropfte Spargelstangen, Putenstreifen, halbierte Salatherzen, Äpfel, Nüsse und geschnittene Kresse auf Teller anrichten. Für die Soße Sahne mit Senf und Essig verrühren. Mit Salz und Pfeffer abschmecken. Über den Salat gießen. (35 Minuten)

Dieses Rezept ist als Vorspeise für vier Portionen berechnet und enthält: Eiweiß: 54 g, Fett: 107 g, Kohlenhydrate: 66 g, 1460 Kalorien, pro Portion ca. 365 Kalorien

Dazu: Sonnenblumenbrot

Fenchelsalat mit Datteln

vollwertig

2 Fenchelknollen à 300 g,
100 g frische Datteln,
1 Apfel, 1 Zitrone,
1 Becher Joghurt (10 %),
1/2 Teel. Senf, Salz,
frisch gemahlener Pfeffer.

Die Fenchelknollen waschen, putzen und in feine Scheiben schneiden. Das Fenchelgrün abspülen, trokkentupfen und fein hacken. Datteln halbieren, den Kern entfernen und die Datteln vierteln. Den Apfel schälen, vierteln und das Kerngehäuse entfernen. In dünne Spalten schneiden und mit etwas Zitronensaft beträufeln. Fenchel, Datteln und die Apfelspalten auf drei Portionsteller verteilen. Joghurt mit Senf, Fenchelgrün und etwas Zitronensaft verrühren. Mit Salz und Pfeffer abschmecken. Über den Salat verteilen und sofort servieren. (15 Minuten)

Dieses Rezept ist für drei Portionen berechnet und enthält: Eiweiß: 27 g, Fett: 15 g, Kohlenhydrate: 124 g, 784 Kalorien, pro Portion ca. 200 Kalorien

Dazu: geröstete Brotscheiben

Grüner Bohnensalat

500 g Schneidebohnen,
1/2 l Brühe (Instant),
1 Teel. mittelscharfer Senf,
2 Eßl. Essig, 6 Eßl. Öl,
frisch gemahlener Pfeffer,
Salz, 150 g Schafkäse,
100 g Frühstücksspeck (Bacon),
einige Zweige Thymian.

Bohnen waschen, putzen und schräg in 1,5 cm große Stücke schneiden. In der Brühe etwa 15 Minuten garen. Aus Senf, Essig, Öl, Pfeffer und Salz eine Salatsoße rühren. Mit den Bohnen und dem gewürfelten Käse mischen. Speck in Streifen schneiden und in einer Pfanne ohne Fett bei kleiner Hitze langsam ausbraten. Über den Salat geben. Mit abgezupften Thymianblättchen bestreut servieren.
(40 Minuten)

Dieses Rezept ist für drei Portionen berechnet und enthält: Eiweiß: 54 g, Fett: 68 g, Kohlenhydrate: 103 g, 1614 Kalorien, pro Portion ca. 540 Kalorien

Dazu: Vollkornbrot

Salat aus roten Linsen

vollwertig

Salz, 250 g rote Linsen,
2 Bund Lauchzwiebeln,
3 Tomaten, 3 Essl. Essig,
1 Essl Senf, 3 Essl. Öl,
einige Spritzer Tabasco,
2 Becher körniger Frischkäse
à 200 g.

Eineinhalb Liter Salzwasser zum Kochen bringen. Linsen drei Minuten sprudelnd darin kochen. Abtropfen lassen. Lauchzwiebeln putzen, waschen und in feine Ringe schneiden. Tomaten kleinschneiden. Essig mit Senf, Öl, Salz und etwas Tabasco verrühren. Über die Salatzutaten gießen und 15 Minuten durchziehen lassen. Zum Essen abgetropften Frischkäse unterrühren.
(30 Minuten)

Dieses Rezept ist für sechs Portionen als Vorspeise berechnet und enthält: Eiweiß: 124 g, Fett: 158 g, Kohlenhydrate: 195 g, 2871 Kalorien, pro Portion ca. 480 Kalorien

Dazu: Bauernbrot

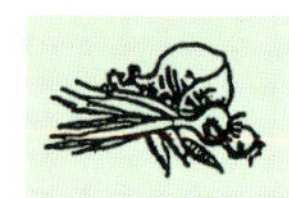

Brokkolisalat

500 g Brokkoli,
Salz,
100 g Putensülze in Scheiben,
30 g Sonnenblumenkerne,
1 Becher saure Sahne (150 g),
Curry,
2 Essl. Weinbrand
(evtl. weglassen),
4 Essl. Orangensaft.

Brokkoli in Röschen zerteilen, die Stiele schälen und in Stifte schneiden. In Salzwasser 10 Minuten kochen. Abtropfen lassen. Putensülze in Streifen schneiden und zusammen mit dem Brokkoli in einer Schüssel anrichten. Sonnenblumenkerne ohne Fett in einer Pfanne rösten und darüberstreuen. Saure Sahne mit Curry, Weinbrand und Orangensaft verrühren. Mit Salz abschmecken und über den Brokkoli gießen. Sofort servieren. (15 Minuten)

Dieses Rezept ist für drei Portionen berechnet und enthält: Eiweiß: 48 g, Fett: 50 g, Kohlenhydrate: 33 g, 827 Kalorien, pro Portion ca. 275 Kalorien

Dazu: Vollkornbrötchen

Rettich-Salat mit Gurken

vollwertig

1 weisser Rettich,
1/2 Salatgurke,
2 säuerliche Äpfel,
1/2 Zitrone,
3 Essl. Apfelsaft, 1 Essl. Essig,
1 Teel. Honig, Salz,
frisch gemahlener Pfeffer,
einige Spritzer Tabasco,
3 Essl. Öl,
1 Bund Schnittlauch.

Rettich und die geschälte Gurke in dünne Scheiben oder mit dem Rettichschneider in Spiralen schneiden. Äpfel in Spalten schneiden und mit Zitronensaft beträufeln. Rettich, Gurke und Äpfel mischen. Für die Soße Apfelsaft mit Essig und Honig verrühren. Mit Salz, Pfeffer und Tabasco würzen. Öl mit einer Gabel unterschlagen. Schnittlauch in Röllchen schneiden und unter die Soße rühren. Die Soße über den Salat gießen und vorsichtig untermischen, kurz durchziehen lassen. (20 Minuten)

Dieses Rezept ist für fünf Portionen berechnet und enthält: Eiweiß: 3 g, Fett: 37 g, Kohlenhydrate: 49 g, 563 Kalorien, pro Portion ca. 110 Kalorien

Dazu: Vollkornbrot

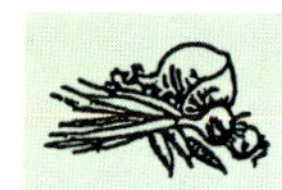

Marinierter Geflügelsalat

400 g Hähnchenbrust,
4 Knoblauchzehen,
1 eingelegte Ingwerknolle
mit Flüssigkeit,
5 Eßl. Sojasoße,
1 Lauchzwiebel, Salz,
frisch gemahlener Pfeffer,
5 Eßl. Öl,
300 g Möhren, 200 g Zucchini,
1/2 kleiner Eisbergsalat.

Hähnchenbrust in dünne Scheiben schneiden. Zwei Knoblauchzehen und den Ingwer mit einem Teelöffel Ingwersirup mischen. Geputzte Lauchzwiebel in Ringe schneiden und zugeben. Mit Salz und Pfeffer würzen. Fleisch mit der Marinade mischen und über Nacht kalt stellen. Fleisch abtropfen lassen und in drei Eßlöffel Öl braun braten. Geschälte Möhren in Stifte schneiden. In wenig Salzwasser fünf Minuten kochen. Zucchini putzen, in Scheiben schneiden und zwei Minuten kochen. Eisbergsalat putzen und in Streifen schneiden. Restliche Sojasoße mit restlichem zerdrücktem Knoblauch, einem Teelöffel Ingwersirup, Salz und Pfeffer mischen. Restliches Öl unterschlagen. Gemüse, Salat und

Fleisch auf Tellern anrichten und die Soße darübergießen. (Ohne Wartezeit 35 Minuten)

Dieses Rezept ist für fünf Portionen berechnet und enthält: Eiweiß: 95 g, Fett: 65 g, Kohlenhydrate: 55 g, 1285 Kalorien, pro Portion ca. 255 Kalorien

Dazu: Baguette

Putenfleisch mit Avocado

2 Putenschnitzel à 200 g,
4 Essl. Öl, Salz,
frisch gemahlener Pfeffer,
1 Avocado, 1 Zitrone,
1 Radicchio, 1 Orange,
2 cl Weinbrand
(eventuell weglassen),
1 Prise Zucker,
30 g Pinienkerne
(ersatzweise Erdnusskerne).

Putenfleisch in schmale Streifen schneiden. In zwei Eßlöffel heißem Öl rundherum anbraten. Salzen und pfeffern. Das Fleisch abkühlen lassen. Die Avocado hauchdünn schälen, halbieren und den Kern entfernen. Das Avocadofleisch in Spalten schneiden und mit Zitronensaft beträufeln. Radicchio zerpflücken, waschen und trockentupfen. Die Blätter etwas zerkleinern. Orangensaft mit Weinbrand, Zucker, Salz und Pfeffer verrühren. Das restliche Öl mit einer Gabel unterschlagen. Fleischstreifen, Avocadospalten und Radicchio mischen. Die Soße darübergießen. Mit Pinienkernen bestreut servieren.
(30 Minuten)

Dieses Rezept ist für vier Portionen berechnet und enthält: Eiweiß: 107 g, Fett: 136 g, Kohlenhydrate: 33 g, 1872 Kalorien, pro Portion ca. 470 Kalorien

Dazu: Vollkornbrot

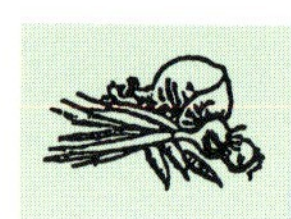

Hühnerleber auf Salat

200 g Hühnerleber,
30 g Butter, Salz,
frisch gemahlener Pfeffer,
1 Essl. gehackte Salbeiblätter,
1 Lollo rosso oder anderer Blattsalat,
2 Artischockenherzen (Dose),
12 Kirschtomaten,
1 Tomate, 2 Schalotten,
3 Essl. Balsamessig
(ersatzweise Rotweinessig),
3 Essl. Olivenöl.

Hühnerleber von Adern und Häutchen befreien. Waschen und trockentupfen. In heißer Butter rundherum etwa fünf Minuten braten. Mit Salz, Pfeffer und Salbei würzen. Hühnerleber auf zerpflücktem Salat zusammen mit halbierten Artischocken und Kirschtomaten anrichten. Für die Soße restliche Tomate entkernen und das Fruchtfleisch in sehr feine Würfel schneiden. Mit gehackten Schalotten und Balsamessig verrühren. Salzen und pfeffern, Öl unterschlagen. Vinaigrette über die Salatzutaten gießen.
(15 Minuten)

Dieses Rezept ist für vier Portionen berechnet und enthält: Eiweiß: 53 g, Fett: 69 g, Kohlenhydrate: 27 g, 1014 Kalorien, pro Portion ca. 255 Kalorien

Dazu: Knoblauchbaguette

Hähnchenfilets in Petersilienhülle

2 Hähnchenbrustfilets (550 g),
Salz,
frisch gemahlener Pfeffer,
1 Zitrone, 1 Bund Petersilie,
2 Eier, 3 Essl. Mehl,
2 Essl. Öl, 30 g Butter oder Margarine, 150 g Spinat,
3 Essl. Estragonessig,
1 Prise Zucker,
1/2 Bund Radieschen,
5 Essl. Traubenkernöl.

Hähnchenfilets in mundgerechte Stücke schneiden. Mit Salz, Pfeffer und Zitronensaft würzen. Gehackte Petersilie mit Eiern vermischen. Hähnchenfilets erst in Mehl, dann in der Eimasse wenden. Öl und Butter erhitzen. Hähnchenfilets bei kleiner Hitze etwa acht Minuten goldgelb braten. Auf Küchenkrepp abtropfen lassen. Spinat putzen, waschen und trockentupfen. Essig mit Salz, Pfeffer, Zucker und feingehackten Radieschen verrühren. Öl unterschlagen. Spinat auf Portionsteller verteilen. Mit der Marinade beträufeln. Die heißen Hähnchenfilets darauf anrichten.
(30 Minuten)

Dieses Rezept ist für vier Portionen als Vorspeise berechnet und enthält: Eiweiß: 141 g, Fett: 131 g, Kohlenhydrate: 49 g, 1982 Kalorien, pro Portion ca. 495 Kalorien

Dazu: Fladenbrot

Hühnerleber auf Salat

Hähnchenfilets in Petersilienhülle

Tomatensalat mit Sardellenfilets

500 g Tomaten,
1 Dose Gemüsemais
(Einwaage 285 g),
2 Zwiebeln,
1 kleine Dose Sardellenfilets
(Einwaage 65 g),
1 Bund Schnittlauch,
1 Essl. Senf, 1 Zitrone, Salz,
frisch gemahlener Pfeffer,
Edelsüss-Paprika,
4 Essl. Olivenöl.

Tomaten waschen, Stielansatz entfernen und die Tomaten in Scheiben schneiden. Mais abtropfen lassen. Zwiebeln abziehen und sehr fein würfeln. Sardellenfilets abspülen und trockentupfen. Schnittlauch abspülen und in Röllchen schneiden. Senf, Zitronensaft, Salz, Pfeffer, Paprika und Olivenöl verrühren. Die Salatzutaten in einer Schüssel anrichten. Mit der Soße begießen und zehn Minuten durchziehen lassen. Mit Schnittlauch bestreuen. (20 Minuten)

Dieses Rezept ist für vier Portionen berechnet und enthält: Eiweiß: 39 g, Fett: 61 g, Kohlenhydrate: 51 g, 915 Kalorien, pro Portion ca. 230 Kalorien

Dazu: Brot

4 Matjesfilets (etwa 300 g),
1 rosa Grapefruit,
1 Avocado, 1 rote Zwiebel,
50 g kleine Champignons,
1 Paket Kresse,
1 Stück frischer Ingwer
(etwa 2 cm),
50 g Roquefort- oder anderer
Blauschimmelkäse,
1/8 l Buttermilch,
Cayennepfeffer,
1 Teel. Weinbrand
(ersatzweise Zitronensaft).

Matjessalat mit Roquefortsoße

Matjesfilets eventuell wässern, trockentupfen und in mundgerechte Stücke schneiden. Auf Portionstellern anrichten. Grapefruit so dick abschälen, daß die weiße Haut mitentfernt wird, das Fruchtfleisch zwischen den Trennwänden herausschneiden. Mit Avocadowürfeln, Zwiebelringen, Champignonvierteln, geschnittener Kresse und gehacktem Ingwer vermischen. Für die Soße Roquefort zerbröckeln, mit Buttermilch verrühren und mit Pfeffer und Weinbrand abschmecken. (20 Minuten)

Dieses Rezept ist für vier Portionen berechnet und enthält: Eiweiß: 75 g, Fett: 137 g, Kohlenhydrate: 275 g, 1728 Kalorien, pro Portion ca. 430 Kalorien

DAZU: VOLLKORNBROT

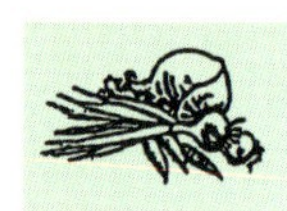

Wildreis-Salat mit Räucherlachs

vollwertig

1 Packung Wildreis-Mischung (200 g),
1/4 l Weisswein (ersatzweise Wasser),
1 Teel. Instant-Hühnerbrühe,
1 Bund Dill, 3 Schalotten,
2 Essl. Weisswein-Essig,
2 Essl. flüssiger Honig, Salz,
frisch gemahlener Pfeffer,
1/2 Teel. Senfpulver,
1 Essl. mittelscharfer Senf,
4 Essl. Olivenöl,
5 Scheiben Räucherlachs à 60 g,
1 Avocado.

Reis mit Weißwein, Hühnerbrühe und 250 ccm Wasser zum Kochen bringen. Bei kleiner Hitze 18 Minuten ausquellen lassen. Fünf kleine Zweige Dill vom Bund abnehmen. Restlichen Dill und Schalotten fein hacken. Für die Vinaigrette Essig mit Honig, Salz, Pfeffer, Senfpulver, Senf, Dill und Schalotten verrühren. Öl nach und nach zugeben und unterschlagen. Abgekühlten Reis mit der Vinaigrette vermischen. Auf Portionstellern mit je einer Scheibe Lachs, Avocadoscheiben und Dillzweigen anrichten. (45 Minuten)

Dieses Rezept ist als Vorspeise für fünf Portionen berechnet und enthält: Eiweiß: 96 g, Fett: 119 g, Kohlenhydrate: 209 g, 2577 Kalorien, pro Portion ca. 515 Kalorien

Fischsalat mit Fenchel

2 Fenchelknollen, Salz,
500 g Rotbarschfilet,
1 1/2 Zitronen,
1 kleiner Eisbergsalat,
2 Bund Dill,
frisch gemahlener Pfeffer,
Zucker, 5 Essl. Öl.

Die Fenchelknollen putzen. Fenchelgrün beiseite legen. Fenchelknollen in feine Scheiben schneiden. In wenig kochendes Salzwasser geben und drei Minuten sprudelnd kochen. Abtropfen und abkühlen lassen. Fischfilet abspülen und in Salzwasser mit etwas Zitronensaft in zehn Minuten bei kleinster Hitze gar ziehen lassen. Herausnehmen, abkühlen lassen und in Stücke zerteilen. Vom Eisbergsalat die äußeren Blätter entfernen. Salatblätter abspülen, trokkentupfen und in Streifen schneiden. Für die Soße Fenchelgrün und Dill abspülen, trockentupfen und hacken. Zwei Eßlöffel Zitronensaft mit Salz, Pfeffer und Zucker verrühren. Das Öl unterschlagen. Kräuter unterrühren und die Soße abschmekken. Eisbergsalat, Fenchel und Fisch auf Portionstellern anrichten. Mit der Soße übergießen. Mit Zitronenscheiben garnieren. (30 Minuten)

Dieses Rezept ist für vier Portionen berechnet und enthält: Eiweiß: 58 g, Fett: 69 g, Kohlenhydrate: 47 g, 1086 Kalorien, pro Portion ca. 270 Kalorien

Dazu: Toast

Wildreis-Salat mit Krabben

vollwertig

1 Packung
Wildreis-Mischung (250 g),
1 Zwiebel, 1 Knoblauchzehe,
20 g Butter oder Margarine,
1/4 l Weisswein
(ersatzweise Brühe),
300 ccm Brühe (Instant), Salz,
1 Gläschen Kapern
(Einwaage 50 g),
1 Bund Schnittlauch,
2 Bund Dill,
250 g Krabbenfleisch,
1/2 Salatgurke,
2 Essl. Senf, 3 Essl. Essig,
3 Essl. Sherry
(ersatzweise Orangensaft),
frisch gemahlener Pfeffer,
Zucker, 5 Essl. Olivenöl.

Wildreismischung, Zwiebelwürfel und zerdrückten Knoblauch in heißem Fett andünsten. Wein und Brühe zugießen und im geschlossenen Topf etwa 20 Minuten bei kleinster Hitze ausquellen lassen. Reis salzen und abkühlen lassen. Mit abgetropften Kapern, Schnittlauchröllchen und feingeschnittenem Dill vermischen. Krabben und dünne Gurkenscheiben unterheben. Für die Soße Senf mit Essig, Sherry, Pfeffer, einer Prise Salz und Zucker verrühren. Öl mit einer Gabel unterschlagen und über die Salatzutaten gießen. Etwa 20 Minuten durchziehen lassen. (Ohne Wartezeit 30 Minuten)

Dieses Rezept ist für vier Portionen berechnet und enthält: Eiweiß: 87 g, Fett: 74 g, Kohlenhydrate: 203 g, 2040 Kalorien, pro Portion ca. 510 Kalorien

Gebratene Hummerkrabben auf Salat

8 Hummerkrabben,
200 g Champignons,
5 Essl. Olivenöl,
frisch gemahlener Pfeffer,
2 Knoblauchzehen, Zucker,
3 Essl. Essig
(möglichst aceto balsamico),
Salz, 1/2 Friséesalat.

Hummerkrabben aus den Schalen lösen und den Darm entfernen. Champignons in Scheiben schneiden und in zwei Eßlöffel Olivenöl andünsten. Auf einem Sieb abtropfen lassen, dabei den Saft auffangen. Beiseite stellen. Hummerkrabben von jeder Seite zwei Minuten in einem Eßlöffel Öl braten. Pfeffern und ebenfalls beiseite stellen. Zerdrückten Knoblauch, restliches Öl, Champignonflüssigkeit, eine Prise Zucker und Essig in das Bratfett geben und aufkochen lassen. Mit Salz und Pfeffer abschmecken. Salatstreifen, Champignons und Krabben auf Portionstellern anrichten. Warme Marinade darübergießen und sofort servieren. (20 Minuten)

Dieses Rezept ist als Vorspeise für vier Portionen berechnet und enthält: Eiweiß: 150 g, Fett: 68 g, Kohlenhydrate: 8 g, 1274 Kalorien, pro Portion ca. 320 Kalorien

Dazu: Baguette

SUPPE

N&EINTÖPFE

Aus der modernen Küche sind sie genausowenig wegzudenken wie aus der unserer Mütter und Großmütter. Hier sind Rezepte für jede Gelegenheit – von der leichten Vorspeise bis zum deftigen Hauptgericht.

Grünkernsuppe

vollwertig

2 Schalotten,
1 Bund Suppengrün,
40 g Butter,
150 g Grünkernschrot,
1 1/2 l Gemüsebrühe (Instant),
Muskat, Kräutersalz,
frisch gemahlener Pfeffer,
1 Becher Schlagsahne (250 g),
2 Bund Kerbel,
2 Eigelb.

Schalotten und Suppengrün in sehr feine Würfel schneiden. In heißer Butter andünsten. Grünkernschrot zufügen und weitere zwei Minuten dünsten. Brühe zugießen und etwa 15 Minuten bei kleiner Hitze kochen. Mit Muskat, Kräutersalz und Pfeffer abschmecken. Sahne steif schlagen. Die Hälfte der Sahne mit gehacktem Kerbel und Eigelb verrühren und unter die Suppe ziehen. Suppe auf vorgewärmte Teller füllen und jeweils mit einem Eßlöffel Sahne und Kerbel garnieren. (40 Minuten)

Dieses Rezept ist als Vorspeise für sechs Portionen berechnet und enthält: Eiweiß: 42 g, Fett: 142 g, Kohlenhydrate: 136 g, 2020 Kalorien, pro Portion ca. 340 Kalorien

Kalte Joghurtsuppe mit Kräutern

vollwertig

1 Zwiebel, 2 Knoblauchzehen,
2 Becher Joghurt (3,5 %),
250 g Quark (40 %),
1/4 l Milch, 1 Bund Petersilie,
1 Bund Dill, 2 Möhren,
1 Zitrone, Salz,
1 Kästchen Kresse.

Kleingeschnittene Zwiebel und Knoblauchzehen mit Joghurt, Quark und Milch im Mixer oder mit dem Schneidstab des Handrührgerätes pürieren. Gehackte Kräuter und geraspelte Möhren (einige zum Bestreuen zurücklassen) unterrühren. Die Suppe mit Zitronensaft und Salz kräftig abschmecken. Mit geschnittener Kresse und restlichen Möhrenraspeln bestreut servieren.
(20 Minuten)

Dieses Rezept ist als Vorspeise für vier Portionen berechnet und enthält: Eiweiß: 54 g, Fett: 47 g, Kohlenhydrate: 50 g, 859 Kalorien, pro Portion ca. 215 Kalorien

Dazu: Vollkornbrot

Selleriesuppe mit Käsecroutons

vollwertig

1 Sellerieknolle (etwa 750 g),
150 g Kartoffeln,
2 Lorbeerblätter,
60 g Butter oder Margarine,
1 1/4 l Brühe (Instant),
3 Scheiben Vollkorntoast,
30 g geriebener
Emmentaler Käse, Salz,
frisch gemahlener Pfeffer,
1/2 Zitrone.

Geschälte Sellerieknolle und Kartoffeln in Stücke schneiden. Sellerie und Lorbeer in 40 Gramm heißem Fett andünsten. Kartoffeln und Brühe zugeben und im geschlossenen Topf 20 Minuten garen. Inzwischen für die Croutons Brotwürfel im restlichen Fett rundherum knusprig braten. Geriebenen Käse zugeben und noch eine Minute weiterbraten. Lorbeer entfernen und die Suppe im Mixer oder mit dem Schneidstab des Handrührers pürieren. Gehacktes Selleriegrün unterrühren und mit Salz, Pfeffer und Zitronensaft abschmecken. Suppe mit Brotwürfeln servieren. (40 Minuten)

Dieses Rezept ist als Vorspeise für sechs Portionen berechnet und enthält: Eiweiß: 33 g, Fett: 63 g, Kohlenhydrate: 97 g, 1125 Kalorien, pro Portion ca. 190 Kalorien

1 kg reife Tomaten,
1/4 l Weisswein
(ersatzweise Brühe),
1 Teel. getrockneter Majoran,
2 rote Paprikaschoten,
2 Knoblauchzehen,
2 grosse Zwiebeln,
40 g Butter oder Margarine,
Salz,
frisch gemahlener Pfeffer,
Zucker, 1 Bund Petersilie.

Tomatensuppe mit Paprikawürfeln

Tomaten waschen und vierteln. Zusammen mit Wein und Majoran 20 Minuten kochen. Paprika putzen, waschen und in Würfel schneiden. Knoblauch und Zwiebeln abziehen. Knoblauch zerdrücken, Zwiebeln in Ringe schneiden. Knoblauch, Zwiebelringe und Paprika in heißem Fett andünsten. Die durch ein Sieb gestrichenen Tomaten und einen Viertelliter Wasser zufügen und zehn Minuten kochen. Suppe mit Salz, Pfeffer und Zucker abschmekken. Vor dem Servieren gehackte Petersilie unterrühren. (40 Minuten)

Dieses Rezept ist als Vorspeise für vier Portionen berechnet und enthält: Eiweiß: 13 g, Fett: 35 g, Kohlenhydrate: 53 g, 780 Kalorien, pro Portion ca. 195 Kalorien

Kohlrabisuppe

250 g durchwachsener Speck,
300 g Kartoffeln,
1 kg Kohlrabi, 3 Zwiebeln,
1 1/2 l Brühe (Instant),
1/2 Teel. Kümmel, Salz,
frisch gemahlener Pfeffer,
1 Bund Petersilie.

Speck würfeln. Bei kleiner Hitze langsam glasig braten. Kartoffeln und Kohlrabi schälen. Kartoffeln in Würfel, Kohlrabi in Scheiben schneiden. Zwiebeln abziehen und würfeln. Zum Speck geben und glasig dünsten. Kartoffeln, Kohlrabi und Brühe zugeben. Aufkochen lassen. Mit Kümmel, Salz und Pfeffer würzen. Im geschlossenen Topf 20 Minuten kochen. Die Suppe abschmecken und mit gehackter Petersilie bestreut servieren. (45 Minuten)

Dieses Rezept ist für fünf Portionen berechnet und enthält: Eiweiß: 50 g, Fett: 153 g, Kohlenhydrate: 98 g, 2066 Kalorien, pro Portion ca. 415 Kalorien

Dazu: Bauernbrot

Rote-Bete-Suppe mit Meerrettich

800 g rote Bete,
3/4 l Hühnerbrühe (Instant),
1 Becher Crème fraîche (150 g),
Salz,
frisch gemahlener Pfeffer,
1 Essl. frisch geriebener Meerrettich,
1 Apfel.

Rote Bete schälen und in Würfel schneiden. In Hühnerbrühe 25 Minuten kochen. Das Gemüse im Mixer oder mit dem Pürierstab des Handrührgerätes pürieren und wieder zur Brühe geben. Crème fraîche unterrühren. Die Suppe erhitzen und mit Salz, Pfeffer und Meerrettich abschmecken. Kurz vor dem Servieren den Apfel schälen und grob raffeln. Zum Essen auf jede Portion Suppe einen Eßlöffel Apfelraspeln geben. (35 Minuten)

Dieses Rezept ist als Vorspeise für fünf Portionen berechnet und enthält: Eiweiß: 17 g, Fett: 50 g, Kohlenhydrate: 73 g, 1125 Kalorien, pro Portion ca. 165 Kalorien

Dazu: Bauernbrot

Ochsenschwanzsuppe

1 Ochsenschwanz (etwa 1,5 kg; vom Fleischer in Stücke schneiden lassen), 2 Essl. Öl, 3 Zwiebeln, 1 Bund Suppengrün, Salz, etwa 1 Essl. Edelsüss-Paprika, 1/8 l Rotwein (eventuell weglassen), 1 Stange Porree.

Ochsenschwanzstücke in heißem Öl rundherum kräftig anbraten. Zwiebelwürfel und zerkleinertes Suppengrün zugeben und kurz mit andünsten. Mit Salz und Edelsüß-Paprika würzen. Zwei Liter Wasser zugießen. Im geschlossenen Topf bei kleiner Hitze etwa drei Stunden kochen. Suppe durch ein Sieb gießen und entfetten. Fleisch von den Knochen lösen und kleinschneiden. Die Suppe mit Rotwein, Salz und Edelsüß-Paprika abschmecken. Fleisch und Porreeringe zugeben und kurz mit heiß werden lassen. (3 Stunden 30 Minuten)

Dieses Rezept ist als Vorspeise für acht Portionen berechnet und enthält: Eiweiß: 93 g, Fett: 73 g, Kohlenhydrate: 34 g, 1324 Kalorien, pro Portion ca. 165 Kalorien

Dazu: Baguette

Brokkolicremesuppe mit Knoblauch-Brotwürfeln

1 kg Brokkoli, Salz,
100 g Schalotten,
60 g Butter, 2 Essl. Mehl,
1/4 l Weisswein
(ersatzweise Brühe und etwas Zitronensaft),
1 l Milch, Worcestersosse,
frisch gemahlener Pfeffer,
1 Messerspitze gemahlener Kümmel,
etwas Zitronensaft,
4 Scheiben Kastenweissbrot,
2 Knoblauchzehen.

Brokkoli putzen, waschen und in Stücke schneiden. Zum Garnieren einige schöne Röschen in Salzwasser fünf Minuten sprudelnd kochen. Abgezogene, geviertelte Schalotten und restlichen Brokkoli in 30 Gramm heißer Butter andünsten. Wein und einen dreiviertel Liter Milch zufügen und im geschlossenen Topf 30 Minuten kochen. Mit dem Schneidstab des Handrührgerätes oder im Mixer pürieren. Die Suppe mit Worcestersoße, Salz, Pfeffer, Kümmel und Zitronensaft abschmecken. Eventuell restliche Milch zugießen. Weißbrot in Würfel schneiden und in restlicher heißer Butter mit zerdrücktem Knoblauch goldgelb braten. Suppe mit Brokkoliröschen und Brotwürfeln servieren.
(45 Minuten)

Dieses Rezept ist für vier Portionen berechnet und enthält: Eiweiß: 68 g, Fett: 88 g, Kohlenhydrate: 196 g, 2076 Kalorien, pro Portion ca. 520 Kalorien

Rindfleischsuppe mit Tomaten

2 Rinderbeinscheiben
à etwa 500 g,
2 Essl. Öl, 1 Bund Suppengrün,
4 Zwiebeln, 2 Lorbeerblätter,
1 Essl. Pfefferkörner,
Salz, 1 kg Fleischtomaten,
1 Paket TK-Erbsen (450 g),
frisch gemahlener Pfeffer.

Beinscheiben in heißem Öl braun anbraten. Kleingeschnittenes Suppengrün und ungeschälte Zwiebeln zufügen und ebenfalls kurz anbraten. Zwei Liter Wasser, Lorbeerblätter, Pfefferkörner und Salz zufügen und zugedeckt bei kleiner Hitze zwei Stunden kochen lassen. Tomaten abziehen, vierteln und entkernen. Brühe durchsieben und mit Tomaten und Erbsen aufkochen. Suppe mit Salz und Pfeffer abschmekken. Kleingeschnittenes Fleisch in der Suppe servieren oder das Fleisch für einen Salat verwenden. (2 Stunden 10 Minuten)

Dieses Rezept ist als Vorspeise für sechs Portionen berechnet und enthält: Eiweiß: 40 g, Fett: 28 g, Kohlenhydrate: 148 g, 1603 Kalorien, pro Portion ca. 265 Kalorien

Rindsbouillon mit Pfannkuchenstreifen

2 Markknochen,
1 kg Roastbeefknochen,
Salz, 1 Bund Suppengrün,
1 Zwiebel,
1 Essl. Pfefferkörner,
60 g Mehl, 1/8 l Milch,
1 Ei, 1 Bund Schnittlauch,
frisch gemahlener Pfeffer,
Muskat,
30 g Butterschmalz.

Knochen in eineinhalb Liter Salzwasser mit kleingeschnittenem Suppengrün, Zwiebel und Pfefferkörnern bei kleiner Hitze eine Stunde 30 Minuten kochen. Brühe durchsieben. Eventuell das Fett abschöpfen. Mehl, Milch, Ei und Schnittlauchröllchen (einige zum Bestreuen beiseite legen) verrühren. Den Teig mit Salz, Pfeffer und Muskat abschmecken. In heißem Butterschmalz nacheinander zwei Pfannkuchen (Ø 20 cm) backen. Pfannkuchen aufrollen und in feine Scheiben schneiden. Die Bouillon mit Salz und Pfeffer abschmecken. Pfannkuchenstreifen in Suppentassen oder Teller geben. Bouillon darübergießen und mit restlichen Schnittlauchröllchen bestreuen.
(1 Stunde 45 Minuten)

Dieses Rezept ist als Vorspeise für sechs Portionen berechnet und enthält: Eiweiß: 35 g, Fett: 55 g, Kohlenhydrate: 81 g, 1082 Kalorien, pro Portion ca. 180 Kalorien

Käsesuppe mit Schinkenklößen

Grünkernsuppe mit Käseklößchen

Grünkernsuppe mit Käseklößchen

vollwertig

1 Bund Suppengrün,
2 Zwiebeln,
2 Knoblauchzehen,
30 g Butter oder Margarine,
200 g Grünkern,
1 Dose Tomatenmark (40 g),
1 1/4 l Gemüsebrühe (Instant);
für die Klösschen:
60 g Butter oder Margarine,
100 g Goudakäse,
1 Ei, Salz, 60 g Mehl,
1/2 Bund Basilikum,
einige Spritzer Tabasco.

Suppengrün putzen und kleinschneiden. Zwiebelwürfel und feingehackten Knoblauch im Fett andünsten. Gemüse, Grünkern, Tomatenmark und Brühe zugeben. Einmal aufkochen, dann bei kleiner Hitze 30 Minuten kochen. Weiches Fett mit geriebenem Käse, Ei, Salz und Mehl verrühren. Basilikum hacken und unter die Käsemasse geben. Mit zwei Eßlöffeln Klößchen abstechen und in leicht siedendem Wasser zehn Minuten garen. Grünkernsuppe mit Salz und Tabasco abschmecken. Klößchen abtropfen lassen und dazugeben. (50 Minuten)

Dieses Rezept ist für vier Portionen berechnet und enthält: Eiweiß: 69 g, Fett: 117 g, Kohlenhydrate: 207 g, 2247 Kalorien, pro Portion ca. 560 Kalorien

Dazu: Vollkornbrot

Käsesuppe mit Schinkenklößen

1 Knoblauchzehe,
2 Zwiebeln, 50 g Butter oder Margarine,
2 Essl. Mehl, 1 l Milch,
100 g gekochter Schinken,
1 ungebrühte Bratwurst,
150 g Cheddarkäse,
frisch gemahlener Pfeffer,
Muskat,
etwa 1 Teel. Instant-Brühe,
1 Bund Schnittlauch.

Zerdrückten Knoblauch und feine Zwiebelwürfel in heißem Fett glasig dünsten. Mehl zufügen und ebenfalls andünsten. Milch unter Rühren zugießen und aufkochen lassen, Topf von der Kochstelle nehmen, die Suppe brennt leicht an. Schinken im Blitzhacker zerkleinern. Mit dem ausgedrückten Wurstbrät vermischen und kleine Klöße daraus formen. In heißem Wasser acht Minuten gar ziehen lassen. Geriebenen Käse in die Suppe rühren. Die Suppe mit Pfeffer, Muskat und Instant-Brühe abschmecken. Klößchen in die Suppe geben. Mit Schnittlauch bestreut servieren. (20 Minuten)

Dieses Rezept ist für vier Portionen berechnet und enthält: Eiweiß: 114 g, Fett: 195 g, Kohlenhydrate: 77 g, 2533 Kalorien, pro Portion ca. 630 Kalorien

Dazu: Walnussbrot

Pot-au-feu: Französischer Suppentopf

1 kg Rindfleisch
aus der Hüfte,
500 g Rinderbrust
mit Knochen,
500 g Markknochen,
2 Zwiebeln,
2 Knoblauchzehen,
2 Lorbeerblätter, 6 Nelken,
Salz, 2 Stangen Porree,
300 g Möhren,
300 g weisse Rüben
(ersatzweise Staudensellerie),
1 kleine Sellerieknolle (300 g),
1 kleiner Weisskohl (300 g),
2 Bund Petersilie,
einige Zweige Thymian
(ersatzweise etwa 2 Teel. getrockneter),
frisch gemahlener Pfeffer.

Fleisch, Knochen, abgezogene Zwiebeln, zerdrückte Knoblauchzehen, Lorbeerblätter und Nelken in einen großen Topf geben. Mit zweieinhalb Liter Salzwasser übergießen (das Fleisch soll bedeckt sein) und zum Kochen bringen. Im geschlossenen Topf eine Stunde 30 Minuten bei kleiner Hitze kochen lassen, dabei sollen nur kleine Blasen aufsteigen. Das grobgeschnittene Gemüse, ein Bund Petersilie und den Thymian zum Fleisch geben. Pfeffern und weitere 30 Minuten im geschlossenen Topf garen. Topfinhalt auf ein Sieb geben, Fleisch und Gemüse warm stellen. Die Brühe noch mal aufkochen, mit Salz und Pfeffer abschmecken. Mit gehackter Petersilie bestreuen und als Vorsuppe servieren. Das Fleisch von den Knochen lösen, in Scheiben schneiden und mit dem Gemüse als Hauptgericht servieren.
(2 Stunden 15 Minuten)

Dieses Rezept ist für sechs Portionen berechnet und enthält: Eiweiß: 220 g, Fett: 233 g, Kohlenhydrate: 100 g, 3587 Kalorien, pro Portion ca. 595 Kalorien

Dazu: Salzkartoffeln, verschiedene Senfsorten, Meerrettich, Cornichons, Silberzwiebeln

Grünkohlsuppe mit Speck

500 g Grünkohl,
2 grosse Zwiebeln,
150 g durchwachsener Speck,
20 g Schweineschmalz,
1 l Brühe (Instant),
1 Becher Schlagsahne (250 g),
4 Essl. Kartoffelpüreepulver,
Salz,
frisch gemahlener Pfeffer.

Grünkohl gründlich waschen, von den harten Strünken streifen und grob zerkleinern. Zwiebeln abziehen und in Ringe schneiden. Speck würfeln. In heißem Schmalz bei kleiner Hitze langsam anbraten. Speckwürfel herausnehmen. Zwiebelringe und Grünkohl im Bratfett andünsten. Brühe und Speckwürfel zufügen. Im geschlossenen Topf 35 Minuten garen. Sahne zugießen und aufkochen. Kartoffelpüreepulver unterrühren. Die Suppe mit Salz und Pfeffer abschmecken.
(45 Minuten)

Dieses Rezept ist für drei Portionen berechnet und enthält: Eiweiß: 33 g, Fett: 176 g, Kohlenhydrate: 37 g, 1943 Kalorien, pro Portion ca. 650 Kalorien

Dazu: Bauernbrot

Frische Bohnensuppe mit Käseklößchen

Klösse:
30 g Butter oder Margarine,
1 Ei, 50 g Semmelbrösel,
30 g alter Goudakäse, Salz;
Suppe:
2 rote Zwiebeln,
500 g Schneidebohnen,
1 kg dicke Bohnen
(ersatzweise 1 Paket
tiefgekühlte),
20 g Butter oder Margarine,
1 Zweig Bohnenkraut,
1 1/2 l Brühe (Instant),
frisch gemahlener Pfeffer,
1 Essl. Edelsüss-Paprika,
2 Bund Petersilie.

Für die Klöße Fett schaumig rühren. Ei, Semmelbrösel und geriebenen Käse unterrühren. Mit Salz abschmecken. 20 Minuten stehenlassen. Inzwischen für die Suppe Zwiebeln abziehen und in Ringe schneiden. Schneidebohnen putzen, waschen und in Stücke schneiden. Dicke Bohnen auspalen. Beide Bohnensorten und die Zwiebelringe in heißem Fett andünsten. Bohnenkraut und Brühe zufügen und im geschlossenen Topf 20 Minuten kochen. Aus dem Kloßteig mit feuchten Händen 20 kleine Klöße formen und in siedendem Salzwasser bei kleiner Hitze fünf Minuten gar ziehen lassen. Die Suppe mit Salz, Pfeffer und Paprika abschmecken. Gehackte Petersilie unterrühren. Käseklöße in die Suppe geben und servieren.
(50 Minuten)

Dieses Rezept ist für drei Portionen berechnet und enthält: Eiweiß: 97 g, Fett: 70 g, Kohlenhydrate: 241 g, 1120 Kalorien, pro Portion ca. 375 Kalorien

Dazu: Sonnenblumenbrot

Gemüseeintopf mit Buchweizenklößchen

vollwertig

2 Stangen Porree,
250 g Möhren,
1/2 Sellerieknolle (400 g),
1/2 Weisskohl (300 g),
10 Pfefferkörner,
2 Lorbeerblätter, Salz,
1/4 l Milch,
20 g Butter oder Margarine,
100 g Buchweizengrütze,
50 g Emmentaler Käse,
1 Paket TK-Erbsen (330 g),
frisch gemahlener Pfeffer.

Porree, Möhren, Sellerie und Weißkohl waschen, putzen und kleinschneiden. Mit Pfefferkörnern, Lorbeerblättern und einem Teelöffel Salz in eineinhalb Liter Wasser zum Kochen bringen. Bei kleiner Hitze etwa 45 Minuten gerade eben kochen lassen. Inzwischen die Milch mit dem Fett aufkochen. Buchweizengrütze zufügen und fünf Minuten unter Rühren kochen, bis ein dicker Brei entstanden ist. Abkühlen lassen und den geriebenen Käse unterrühren. Mit den Händen kleine Klößchen formen. In siedendem Salzwasser bei kleiner Hitze etwa zwölf Minuten gar ziehen lassen. Das Wasser darf nicht kochen, weil dann die Klößchen zerfallen. Erbsen zum Eintopf geben und einmal aufkochen. Klößchen zugeben und den Eintopf mit Salz und Pfeffer abschmecken.
(1 Stunde)

Dieses Rezept ist für vier Portionen berechnet und enthält: Eiweiß: 58 g, Fett: 39 g, Kohlenhydrate: 192 g, 1367 Kalorien, pro Portion ca. 341 Kalorien

Bohneneintopf mit Poularde

350 g getrocknete weisse Bohnen,
3 Zwiebeln,
1 Bund Suppengrün, Salz,
frisch gemahlener Pfeffer,
je 1 Zweig frischer Majoran und Bohnenkraut (ersatzweise getrocknet),
1 küchenfertige Poularde (etwa 1,5 kg),
500 g Kartoffeln,
1–3 Essl. Essig.

Bohnen über Nacht in eindreiviertel Liter kaltem Wasser einweichen. Mit dem Wasser aufkochen. Abgezogene halbierte Zwiebeln und kleingeschnittenes Suppengrün zugeben und auf kleiner Hitze eine Stunde kochen. Mit Salz, Pfeffer, Majoran und Bohnenkraut würzen. Poularde in acht Stücke teilen und mit einem halben Liter Wasser zu den Bohnen geben. Eine weitere Stunde auf kleiner Hitze kochen. Nach 40 Minuten die kleingeschnittenen Kartoffeln zugeben. Geflügelteile herausnehmen. Haut und Knochen entfernen. Die Hälfte des Gemüses mit dem Schneidstab des Handrührgerätes oder im Mixer pürieren und mit dem restlichen Eintopf und dem Fleisch mischen. Den Eintopf mit Salz, Pfeffer und Essig abschmecken. (Ohne Wartezeit 2 Stunden)

Dieses Rezept ist für vier Portionen berechnet und enthält: Eiweiß: 318 g, Fett: 69 g, Kohlenhydrate: 309 g, 3281 Kalorien, pro Portion ca. 550 Kalorien

Dazu: Baguette

Rindfleischsuppe mit weißen Bohnen

250 g grosse weisse Bohnenkerne,
2 Scheiben Ochsenbein à etwa 400 g,
4 Essl. Öl, Salz,
frisch gemahlener Pfeffer,
1/4 Teel. Kreuzkümmel,
1 Teel. Instant-Brühe,
1 Dose Tomatenmark (70 g),
2 Knoblauchzehen,
500 g Kartoffeln,
2 grüne Paprikaschoten,
1 Essl. Edelsüss-Paprika.

Weiße Bohnen über Nacht in einem Liter Wasser einweichen. Fleisch vom Knochen und von den Sehnen lösen. In mundgerechte Stücke schneiden. Fleisch und Knochen in heißem Öl braun anbraten. Mit Salz, Pfeffer und Kreuzkümmel würzen. Bohnen mit Einweichwasser, Brühe, Tomatenmark und abgezogene Knoblauchzehen zufügen. Im geschlossenen Topf bei kleiner Hitze eine Stunde kochen. Kartoffeln schälen und würfeln. Paprika putzen, waschen und in Streifen schneiden. Kartoffeln zur Suppe geben und noch 15 Minuten weiterkochen. In den letzten acht Minuten die Paprikaschoten mitkochen. Markknochen entfernen und die Suppe mit Salz, Pfeffer und Paprika abschmecken. (Ohne Wartezeit 1 Stunde 30 Minuten)

Dieses Rezept ist für drei Portionen berechnet und enthält: Eiweiß: 144 g, Fett: 53 g, Kohlenhydrate: 234 g, 3158 Kalorien, pro Portion ca. 790 Kalorien

Dazu: Vollkornbrot

Kartoffel-Tomatensuppe

2 Knoblauchzehen,
500 g Kartoffeln,
1 grosse Dose
Tomatenmark (800 g),
1/2 l Brühe (Instant),
Edelsüss-Paprika, Salz,
frisch gemahlener Pfeffer,
1/2 Becher Schlagsahne (125 g),
1/2 Bund Basilikum.

Zerdrückten Knoblauch, Kartoffelwürfel, Tomaten mit Flüssigkeit und Brühe bei kleiner Hitze 15 Minuten kochen. Mit Paprika, Salz und Pfeffer abschmecken. Steifgeschlagene Sahne mit Basilikumblättchen vermischen und über die Suppe geben. (30 Minuten)

Dieses Rezept ist als Vorspeise für vier Portionen berechnet und enthält: Eiweiß: 23 g, Fett: 43 g, Kohlenhydrate: 98 g, 866 Kalorien, pro Portion ca. 220 Kalorien

Bohnensuppe mit geräuchertem Schweinebauch

250 g getrocknete
weisse Bohnen,
500 g geräucherter
Schweinebauch
(Kasselerbauch),
30 g Butter oder Margarine,
250 g Möhren,
1 Staudensellerie (etwa 500 g),
500 g Kartoffeln,
1 kleine Dose Tomatenmark,
1/2 l Brühe (Instant),
Cayennepfeffer, Salz,
1 Bund Schnittlauch.

Bohnen über Nacht in einem Liter Wasser einweichen. Im Einweichwasser eine Stunde kochen. Schweinebauch in Würfel schneiden und in heißem Fett bei milder Hitze anbraten. Möhrenwürfel, Staudenselleriestücke und Kartoffelstücke zufügen. Tomaten mit der Flüssigkeit, Brühe und Bohnen zugießen. Im geschlossenen Topf 45 Minuten kochen. Die Suppe mit Cayennepfeffer und Salz abschmecken. Mit Schnittlauchröllchen bestreut servieren. (2 Stunden)

Dieses Rezept ist für drei Portionen berechnet und enthält: Eiweiß: 118 g, Fett: 183 g, Kohlenhydrate: 267 g, 3369 Kalorien, pro Portion ca. 560 Kalorien

Dazu: Fladenbrot

Feine Kartoffelsuppe mit Porree

500 g Kartoffeln,
400 g Porree,
1 l Hühnerbrühe (Instant),
1/2 Becher Schlagsahne (100 g),
1/2 Becher Crème fraîche (75 g),
Salz,
frisch gemahlener Pfeffer,
Muskat,
2 Scheiben Weissbrot.

Kartoffeln schälen und in Würfel schneiden. Porree putzen, waschen und in Stücke schneiden (ein Stück Porree zum Garnieren beiseite legen). Porree und Kartoffeln in der Hühnerbrühe 20 Minuten kochen. Im Mixer oder mit dem Schneidstab des Handrührgerätes pürieren. Sahne steif schlagen, mit Crème fraîche verrühren. Locker unter die Suppe ziehen. Mit Salz, Pfeffer und Muskat abschmekken. Brot würfeln und in einer Pfanne ohne Fett anrösten. Restlichen Porree in sehr feine Ringe schneiden. Zusammen mit den Brotwürfeln auf die Suppe streuen. Die Suppe heiß oder kalt servieren. (35 Minuten)

Dieses Rezept ist als Vorspeise für fünf Portionen berechnet und enthält: Eiweiß: 26 g, Fett: 58 g, Kohlenhydrate: 123 g, 1154 Kalorien, pro Portion ca. 230 Kalorien

Erbsensuppe mit Fleisch

500 g ungeschälte grüne Erbsen,
1 Bund Majoran,
500 g Schweinebauch,
1 kleiner Schinkenknochen,
250 g Zwiebeln,
2 Bund Suppengrün,
500 g Kartoffeln,
frisch gemahlener Pfeffer,
Salz, 1–2 Teel. Instant-Brühe.

Erbsen über Nacht in dreieinhalb Liter Wasser einweichen. Am nächsten Tag mit Majoran, Fleisch und Schinkenknochen eine Stunde kochen. Geviertelte Zwiebeln und gewürfeltes Suppengrün zufügen und weitere 40 Minuten kochen. Kartoffelwürfel zufügen und noch 15 Minuten kochen. Die Suppe mit Pfeffer, wenig Salz und Brühe abschmekken. Schinkenknochen und Fleisch herausnehmen. Das Fleisch vom Knochen und von der Schwarte lösen, kleinschneiden und zur Suppe geben. (Ohne Wartezeit 2 Stunden)

Dieses Rezept ist für acht Portionen berechnet und enthält: Eiweiß: 264 g, Fett: 227 g, Kohlenhydrate: 392 g, 4761 Kalorien, pro Portion ca. 595 Kalorien

Dazu: Vollkornbrot

Kichererbseneintopf

700 g Schweineschulter ohne Knochen,
40 g Butterschmalz, Salz,
frisch gemahlener Pfeffer,
4 Zwiebeln,
1/4 l Weisswein (ersatzweise Apfelsaft),
je 2 rote und grüne Paprikaschoten,
1 Dose Kichererbsen (Einwaage 540 g),
1/2 l Brühe (Instant),
2 Essl. Tomatenmark,
1–2 Essl. Edelsüss-Paprika,
2 Zweige Majoran.

Schweinefleisch in Würfel schneiden und in heißem Butterschmalz braun anbraten. Salzen, pfeffern und die geviertelten Zwiebeln zufügen. Ebenfalls anbraten. Wein zugießen und im geschlossenen Topf 45 Minuten schmoren. Paprikastücke und abgetropfte Kichererbsen zufügen. Brühe mit Tomatenmark verrühren und zugießen. Alles zusammen noch 20 Minuten schmoren. Mit Paprika, Salz und Pfeffer abschmecken. Frische Majoranblättchen darüberstreuen.
(1 Stunde 20 Minuten)

Dieses Rezept ist für fünf Portionen berechnet und enthält: Eiweiß: 142 g, Fett: 189 g, Kohlenhydrate: 116 g, 3038 Kalorien, pro Portion ca. 605 Kalorien

Dazu: Baguette

Rindfleisch-Eintopf mit Krabben

500 g Rinderknochen,
750 g Rindfleisch (Bug),
Salz, 2 Zwiebeln,
1 Bund Suppengrün,
250 g Kartoffeln,
250 g Möhren, 150 g Sellerie,
1 Paket TK-Bohnen (300 g),
1 Paket TK-Erbsen (300 g),
150 g Krabbenfleisch,
1/2 Becher Schlagsahne (100 g),
frisch gemahlener Pfeffer,
je 1/2 Bund Petersilie und Dill.

Knochen und Fleisch abspülen. Mit einem Liter kaltem Salzwasser zum Kochen bringen. Zwiebelwürfel und gewürfeltes Suppengrün dazugeben und zugedeckt eine Stunde kochen. Knochen und Fleisch herausnehmen und das Fleisch würfeln. Die Kartoffeln schälen, in die heiße Brühe reiben, alles etwa zehn Minuten kochen und mit dem Schneidstab des Handrührers pürieren. Möhren-, Selleriestifte und Bohnen dazugeben und weitere fünfzehn Minuten kochen. Zum Schluß aufgetaute Erbsen, Fleischwürfel und Krabben dazugeben. Sahne unterrühren und mit Salz und Pfeffer abschmecken und mit gehackten Kräutern bestreuen.
(1 Stunde 20 Minuten)

Dieses Rezept ist für vier Portionen berechnet und enthält: Eiweiß: 229 g, Fett: 75 g, Kohlenhydrate: 144 g, 2140 Kalorien, pro Portion ca. 535 Kalorien

Dazu: Meterbrot

Fischsuppe mit Wein

2 Porreestangen, 4 Möhren,
2 Zwiebeln, 5 Knoblauchzehen,
2 Essl. Olivenöl,
1/2 l Weisswein,
1/2 Bund Thymian,
1 Lorbeerblatt, Salz, Zucker,
1/2 Essl. schwarze
Pfefferkörner,
1 grosse Dose Tomaten (800 g),
3 Gläser Fischfond (à 400 ccm),
40 g Butter,
700 g Fischfilet (Heilbutt,
Rotbarsch, Schellfisch),
500 g Muscheln (ersatzweise
Muschelfleisch aus dem Glas),
150 g Krabben,
frisch gemahlener Pfeffer.

Gemüse putzen. Die Hälfte davon in Stücke schneiden und mit kleingeschnittenen Zwiebeln und Knoblauch in heißem Öl andünsten. Wein, Kräuter, Gewürze, Tomaten und Fischfond zugeben und im geschlossenen Topf bei kleiner Hitze 30 Minuten kochen. Restliches Gemüse in feinen Streifen in heißer Butter fünf Minuten dünsten. Salzen. Brühe durchsieben, dabei das Gemüse ausdrükken. Fisch in 3 cm breite Streifen schneiden und in die Suppe geben. Bei kleiner Hitze sechs Minuten ziehen lassen. Nach drei Minuten geputzte Muscheln und Krabben zugeben. Gemüsestreifen unterrühren. Suppe mit Salz, Zucker und Pfeffer abschmecken.
(1 Stunde 10 Minuten)

Dieses Rezept ist als Vorspeise für sechs Portionen berechnet und enthält: Eiweiß: 238 g, Fett: 94 g, Kohlenhydrate: 87 g, 2510 Kalorien, pro Portion ca. 420 Kalorien

Dazu: Baguette

Fischsuppe mit Nudeln

600 g Fischfilet (Schellfisch,
Rotbarsch oder Seelachs),
1 Zitrone, 100 g Zwiebeln,
2 Knoblauchzehen,
30 g Butter oder Margarine,
1 kleine Dose Tomaten (400 g),
1/2 l Brühe (Instant),
1 Dose Gemüsemais
(Einwaage 285 g),
Salz,
frisch gemahlener Pfeffer,
1 Essl. Edelsüss-Paprika,
100 g Gabelspaghetti,
1 grüne Paprikaschote,
Zucker, 1 Essl. Weinbrand
(evtl. weglassen).

Fisch würfeln und mit Zitronensaft beträufeln. Zehn Minuten stehenlassen. Zwiebelringe und zerdrückten Knoblauch in heißem Fett andünsten. Tomaten mit Flüssigkeit und Brühe zufügen und aufkochen lassen. Abgetropften Mais zugeben. Mit Salz, Pfeffer und Paprika würzen. Fisch in die Suppe geben und in etwa acht Minuten gar ziehen lassen. Inzwischen die Spaghetti in reichlich Salzwasser fünf Minuten kochen. Abgetropfte Nudeln und hauchdünne Paprikastreifen in die Suppe geben. Mit Salz, einer Prise Zucker und Weinbrand abschmekken. (30 Minuten)

Dieses Rezept ist als Vorspeise für sechs Portionen berechnet und enthält: Eiweiß: 145 g, Fett: 51 g, Kohlenhydrate: 168 g, 1734 Kalorien, pro Portion ca. 290 Kalorien

Fischsuppe mit Nudeln

Fischsuppe mit Wein

Forellencremesuppe

4 küchenfertige Forellen
à etwa 300 g,
5 Pfefferkörner,
1 Lorbeerblatt, Salz,
40 g Butter, 30 g Mehl,
1 Becher Schlagsahne (200 g),
1/2 Zitrone,
2–3 Essl. Calvados
(ersatzweise Weinbrand
oder weglassen),
1 Messerspitze gemahlener
Koriander,
1 Zweig Dill.

Forellen waschen. Mit Pfefferkörnern und Lorbeerblatt in einem Liter Salzwasser bei kleiner Hitze 10 bis 15 Minuten kochen. Forellen herausnehmen und die Filets herauslösen. Fischbrühe durch ein Sieb gießen. Butter erhitzen und das Mehl darin andünsten. Fischbrühe zufügen und aufkochen lassen. Die Hälfte der Forellenfilets in Stücke schneiden. Den Rest im Blitzhacker oder im Mixer pürieren. Fischpüree zur Suppe geben. Gut durchrühren. Die Suppe eventuell noch einmal durchsieben. Sahne halbsteif schlagen und unter die Suppe ziehen. Mit Zitronensaft, Calvados, etwas Koriander und Salz abschmecken. Forellenstückchen in die Suppe geben. Mit abgezupftem Dill garnieren. (40 Minuten)

Dieses Rezept ist als Vorspeise für sechs Portionen berechnet und enthält: Eiweiß: 64 g, Fett: 108 g, Kohlenhydrate: 71 g, 1256 Kalorien, pro Portion ca. 210 Kalorien

Dazu: Toast

Brühe mit Fischklößchen

Etwa 750 g Fischabfälle (Gräten, Flossen, Köpfe), 1 Bund Suppengrün, 1 Lorbeerblatt, einige Pfefferkörner, Salz, 500 g Fischfilet (Seelachs oder Lengfisch), 1 Ei, 2 Essl. Crème fraîche, 1 Essl. Weinbrand (eventuell weglassen), 1 Bund Dill, frisch gemahlener Pfeffer, etwas Zitronensaft, etwas Mehl, 250 g Brokkoli, gemahlener Koriander, 2 Essl. Weisswein (ersatzweise Zitronensaft), 200 g Krabbenfleisch.

Fischabfälle abspülen. Suppengrün putzen, waschen und grob zerkleinern. Fischabfälle und Suppengrün mit Lorbeerblatt und Pfefferkörnern in eineinhalb Liter Salzwasser 20 Minuten kochen. Fischfilet abspülen und trokkentupfen. Im Mixer oder Blitzhacker pürieren oder durch den Fleischwolf geben. Mit Ei, Crème fraîche, Weinbrand und gehacktem Dill verrühren. Mit Salz, Pfeffer und Zitronensaft abschmecken. Aus der Masse mit bemehlten Händen Klöße formen. In siedendes Salzwasser geben und in acht Minuten bei kleinster Hitze gar ziehen lassen. Brokkoli putzen und in Röschen zerteilen. In wenig Salzwasser zehn Minuten garen. Die Fischbrühe durchsieben und mit Salz, Koriander und Wein abschmecken. Abgetropfte Klöße, Brokkoli und Krabben auf Teller oder Tassen verteilen. Heiße Brühe darübergießen. (45 Minuten)

Dieses Rezept ist als Vorspeise für sechs Portionen berechnet und enthält: Eiweiß: 180 g, Fett: 37 g, Kohlenhydrate: 36 g, 1327 Kalorien, pro Portion ca. 220 Kalorien

Dazu: Toast

Pflaumensuppe mit Pfirsichen und Klößen

500 g Pflaumen,
1 Stange Zimt, 120 g Zucker,
1 Essl. Speisestärke,
2 Pfirsiche, 1/4 l Milch,
1 Päckchen Vanillinzucker,
20 g Butter oder Margarine,
100 g Griess, 1 Ei, Salz.

Die Pflaumen waschen, halbieren und entkernen. Pflaumen mit einem Liter Wasser, Zimt und 80 Gramm Zucker zehn Minuten kochen lassen. Die Suppe durch ein Sieb streichen. Mit angerührter Speisestärke binden. Die Pfirsiche mit kochendem Wasser überbrühen, abziehen und vierteln. Fruchtstücke in Würfel schneiden. Zur Suppe geben und fünf Minuten ziehen lassen. Eventuell mit Zucker abschmekken. Für die Grießklöße Milch mit Vanillinzucker, restlichem Zucker und Fett aufkochen. Grieß unterrühren. Aufkochen lassen. Von der Kochstelle nehmen und das Ei unterziehen. Mit zwei Teelöffeln kleine Klöße abstechen. In siedendes Salzwasser geben und fünf Minuten ziehen lassen. Abtropfen lassen. In die Pflaumensuppe geben und servieren.
(45 Minuten)

Dieses Rezept ist als Nachtisch für vier Portionen berechnet und enthält: Eiweiß: 30 g, Fett: 38 g, Kohlenhydrate: 340 g, 1836 Kalorien, pro Portion ca. 460 Kalorien

Apfelsuppe mit Buchweizenklößen

vollwertig

6 Äpfel (etwa 900 g),
3 Essl. Vollrohrzucker (Reformhaus),
1 Zitrone,
1/2 l naturtrüber Apfelsaft,
50 g Buchweizengrütze,
1 Eigelb, 1 Essl. Sojamehl,
2 Essl. gemahlene Haselnüsse,
1 Bund Zitronenmelisse,
Salz.

Apfelspalten mit zwei Eßlöffel Zucker und Zitronenschale in Apfelsaft und einem Viertelliter Wasser 20 Minuten dünsten. Etwa die Hälfte der Apfelspalten herausnehmen, den Rest durch ein Sieb streichen. Buchweizengrütze in einem Achtelliter kochendem Wasser etwa 25 Minuten bei kleinster Hitze ausquellen lassen. Eigelb, Sojamehl, Nüsse, restlichen Zucker und ein halbes Bund gehackte Zitronenmelisse dazugeben. Alles gut verrühren und mit zwei Teelöffeln Klöße abstechen. Diese etwa 20 Minuten bei kleiner Hitze in leicht gesalzenem Wasser gar ziehen lassen. Apfelspalten, Klöße und Zitronenmelisseblättchen in die Suppe geben. Warm servieren. (1 Stunde 10 Minuten)

Dieses Rezept ist als Nachtisch für vier Portionen berechnet und enthält: Eiweiß: 28 g, Fett: 33 g, Kohlenhydrate: 260 g, 1459 Kalorien, pro Portion ca. 365 Kalorien

GEFLÜGEL

*Die Rezepte dieses Kapitels
zeigen, wie abwechslungsreich Geflügel zubereitet
werden kann. Und wenn das Kochen
schnell gehen soll: Aus Geflügelteilen werden ohne
großen Aufwand köstliche Mahlzeiten.*

Hühnerfrikassee mit Champignons

1 küchenfertige Poularde (etwa 1,2 kg),
1 Bund Suppengrün, Salz,
2 Lorbeerblätter,
1 Zweig Liebstöckel (ersatzweise 1 Teel. getrockneter),
2 Bund Lauchzwiebeln,
500 g Champignons,
50 g Butter oder Margarine,
30 g Mehl,
1/8 l Weisswein (ersatzweise Brühe),
1 Becher Crème fraîche (200 g),
Worcestersosse,
1 Bund Petersilie.

Huhn und gewürfeltes Suppengrün mit zwei Liter Wasser, Salz, Lorbeerblättern und Liebstöckel eine Stunde kochen. Brühe durch ein Sieb geben. Fleisch von Haut und Knochen lösen und kleinschneiden. Lauchzwiebeln und Champignons waschen, putzen und in Stücke schneiden. Die Hälfte des Fettes erhitzen und das Gemüse darin fünf Minuten dünsten. Gemüse herausnehmen. Restliches Fett zugeben und schmelzen. Mehl darüberstäuben und andünsten.

Einen halben Liter Hühnerbrühe und Wein zugießen und fünf Minuten kochen. Gemüse, Fleisch und Crème fraîche darin erwärmen. Frikassee mit Salz und Worcestersoße abschmecken und mit gehackter Petersilie vermischen. (1 Stunde 30 Minuten)

Dieses Rezept ist für fünf Portionen berechnet und enthält: Eiweiß: 219 g, Fett: 157 g, Kohlenhydrate: 75 g, 2817 Kalorien, pro Portion ca. 560 Kalorien

Dazu: Reis

Gebratene Hühnerbrust mit Nußsoße

4 Hühnerbrustfilets,
50 g Butter oder Margarine,
Salz,
etwa 1 Teel. gemahlener Koriander,
3 Zwiebeln,
1/4 l Brühe (Instant),
1/2 Becher Schlagsahne (100 g),
100 g Walnüsse,
Ingwerpulver, 1/2 Zitrone,
1 Bund Schnittlauch.

Hühnerbrustfilets in heißem Fett bei mittlerer Hitze von jeder Seite fünf Minuten braten. Mit Salz und etwas Koriander würzen. Aus der Pfanne nehmen und warm stellen. Zwiebelringe im Bratfett glasig dünsten. Brühe, Schlagsahne und fein gemahlene Walnüsse zugeben und aufkochen. Die Soße mit Salz, Koriander, Ingwer und Zitronensaft abschmecken. Schnittlauchröllchen in die Soße geben. Zum Fleisch servieren. (20 Minuten)

Dieses Rezept ist für vier Portionen berechnet und enthält: Eiweiß: 112 g, Fett: 148 g, Kohlenhydrate: 28 g, 2042 Kalorien, pro Portion ca. 510 Kalorien

Dazu: Bandnudeln

Hühnerbrüste mit Gewürzkaramel

100 g Schalotten oder kleine Zwiebeln,
4 Hühnerbrüste à etwa 250 g,
40 g Margarine, Salz,
1/2 l Rotwein
(ersatzweise Apfelsaft),
100 g Zucker, 1/2 Teel. Curry,
1/2 Teel. Zimt,
1 Teel. Edelsüss-Paprika,
1/2 Teel. gemahlener Kümmel,
2 Essl. Crème fraîche.

Schalotten abziehen und würfeln. Hühnerbrüste in heißer Margarine braun anbraten. Salzen und Schalottenwürfel zufügen. Mit Rotwein begießen und zugedeckt 15 Minuten schmoren. Zucker in einer Pfanne schmelzen, bis er eine hellbraune Farbe hat. Curry, Zimt, Paprika und Kümmel zufügen. Von der Kochstelle nehmen. Hühnerbrüste mit dem Gewürzkaramel bestreichen. Auf den Rost des Backofens (Fettpfanne darunter) legen und in den Backofen schieben. Auf 250 Grad/Gas Stufe 5 schalten und 20 Minuten backen. Inzwischen Rotweinsud auf die Hälfte der Menge einkochen. Crème fraîche zufügen. Die Soße mit Salz abschmecken. Zu den Hühnerbrüsten servieren. (1 Stunde)

Dieses Rezept ist für vier Portionen berechnet und enthält: Eiweiß: 166 g, Fett: 54 g, Kohlenhydrate: 112 g, 2012 Kalorien, pro Portion ca. 500 Kalorien

Dazu: Brokkoli und Kartoffelgratin

Hähnchenbrustfilets mit Madeirasoße

4 Hähnchenbrustfilets à 200 g,
1 Zitrone, 200 ccm Madeira,
frisch gemahlener Pfeffer,
1 Essl. milder Curry,
40 g Butter, Salz,
etwa 1 1/2 Essl.
Tomatenketchup,
150 g Weintrauben.

Hähnchenbrustfilets mit Zitronensaft beträufeln und zehn Minuten stehenlassen. Den Saft abgießen und mit Madeira, Pfeffer und Curry verrühren. Das Fleisch in heißer Butter von beiden Seiten braun anbraten und salzen. Madeira und 100 Kubikzentimeter Wasser zugießen und in der geschlossenen Pfanne 15 Minuten schmoren. Die Soße mit Salz, Curry und Tomatenketchup abschmekken. Gewaschene Weintrauben unterrühren. Fleisch auf einer Platte anrichten und mit der Soße begießen.
(40 Minuten)

Dieses Rezept ist für vier Portionen berechnet und enthält: Eiweiß: 185 g, Fett: 42 g, Kohlenhydrate: 42 g, 1561 Kalorien, pro Portion ca. 390 Kalorien

Dazu: Reis

Hähnchenbrust in Pilz-Sahnesoße

2 Zwiebeln, 2 Zweige Majoran,
500 g gemischte Pilze
(Champignons, Butterpilze,
Austernpilze),
40 g Butter oder Margarine,
4 Hähnchenbrustfilets, Salz,
je 1/4 Teel. gemahlener Zimt
und Piment,
frisch gemahlener Pfeffer,
1/2 Becher Schlagsahne (125 g),
1/4 l Bratensaft (Instant),
2 Essl. Weinbrand
(eventuell weglassen).

Zwiebelwürfel, Majoranblättchen und Pilzstücke in heißem Fett andünsten. Herausnehmen und warm stellen. Hähnchenfleisch mit Salz, Zimt, Piment und Pfeffer würzen. Im Bratfett von jeder Seite braun anbraten. Pilzgemüse, Sahne und Bratensaft zufügen und im geschlossenen Topf 20 Minuten schmoren. Mit Salz, Pfeffer und Weinbrand abschmecken. (40 Minuten)

Dieses Rezept ist für vier Portionen berechnet und enthält: Eiweiß: 200 g, Fett: 89 g, Kohlenhydrate: 34 g, 1806 Kalorien, pro Portion ca. 450 Kalorien

Dazu: Bandnudeln

Hühnerbrust auf scharfem Gurkengemüse

2 Salatgurken, Salz,
einige Spritzer Tabasco,
2 Hühnerbrustfilets,
20 g Butter, Curry,
2–3 Essl. Sojasosse,
2 Essl. Essig, 1 Essl. Zucker,
1 Chilischote.

Gurken schälen, der Länge nach halbieren, entkernen und in Stücke schneiden. Mit Salz und Tabasco vermischen. Zehn Minuten stehenlassen. Inzwischen Hühnerbrüste in der Mitte durchschneiden und in heißer Butter bei mittlerer Hitze von jeder Seite fünf Minuten braun braten. Mit Salz und Curry würzen. Mit Sojasoße beträufeln und warm stellen. Gurken abtropfen lassen und im Bratfett andünsten. Essig, Zucker und fein gewürfelte Chilischote zufügen. Das Gemüse mit Salz, Essig und Zucker abschmecken. Hühnerbrüste darauf anrichten. (30 Minuten)

Dieses Rezept ist für vier Portionen berechnet und enthält: Eiweiß: 116 g, Fett: 22 g, Kohlenhydrate: 36 g, 828 Kalorien, pro Portion ca. 210 Kalorien

Dazu: Reis

Hähnchenbrust
in Pilz-Sahnesoße

Hühnerbrust
auf scharfem Gurkengemüse

Poularde mit Knoblauch

1 küchenfertige Poularde
(etwa 1,4 kg),
Salz,
frisch gemahlener Pfeffer,
100 ccm Öl,
6 Knoblauchzehen,
2 Bund Petersilie.

Poularde waschen, trockentupfen und in sechs Teile zerlegen. Die Haut abziehen. Poulardenteile rundherum mit Salz und Pfeffer einreiben. Öl in einer großen Pfanne erhitzen und die Poulardenteile darin braun anbraten. In der geschlossenen Pfanne bei kleiner Hitze 20 Minuten weiterbraten, dabei die Fleischstücke ab und zu wenden. Inzwischen Knoblauch abziehen und in Scheiben schneiden. Petersilie waschen, trockentupfen und hacken. Knoblauch und Petersilie zur Poularde geben und fünf Minuten weiterbraten. Poulardenstücke auf einer Platte anrichten. Das Bratfett darübergießen.
(40 Minuten)

Dieses Rezept ist für vier Portionen berechnet und enthält: Eiweiß: 454 g, Fett: 155 g, Kohlenhydrate: 7 g, 2398 Kalorien, pro Portion ca. 560 Kalorien

Dazu: gebratene Kartoffelscheiben oder Baguette und Salat

1 Päckchen
TK-Kräutermischung,
2 Essl. mittelscharfer Senf,
2 Knoblauchzehen,
2 Essl. Semmelbrösel, Salz,
frisch gemahlener Pfeffer,
1 küchenfertige Poularde
(etwa 1,2 kg),
3 Essl. Öl,
750 g kleine Kartoffeln,
500 g rote Zwiebeln,
1/4 l Hühnerbrühe (Instant).

Kräuter mit Senf, zerdrückten Knoblauchzehen, drei Eßlöffel Wasser und Semmelbröseln in eine Schüssel geben und mischen. Mit Salz und Pfeffer würzen. Die Poularde abspülen und mit Küchenkrepp trockentupfen. Mit der Kräutermasse füllen. Zwei Eßlöffel Öl mit Salz und Pfeffer verrühren. Die Poularde damit bestreichen, in einen Bräter legen und in den Backofen schieben. Auf 200 Grad/Gas Stufe 3 schalten und etwa 25 Minuten braten. Inzwischen die Kartoffeln schälen und halbieren. Zwiebeln abziehen und vierteln. Kartoffeln, Zwiebeln und Brühe zur Poularde geben und noch eine Stunde weiterbraten. Das Gemüse zwischendurch mit dem restlichen Öl beträufeln. Mit Salz abschmecken.
(1 Stunde 45 Minuten)

Dazu: grüner Salat

Gebratene Poularde mit Kartoffeln und Zwiebeln

Dieses Rezept ist für vier Portionen berechnet und enthält: Eiweiß: 210 g, Fett: 149 g, Kohlenhydrate: 121 g, 2470 Kalorien, pro Portion ca. 620 Kalorien

Kräuterpoularde in Wermut

4 Knoblauchzehen,
2 Essl. provenzalische Kräutermischung,
4 Essl. Öl, Salz,
frisch gemahlener Pfeffer,
1 küchenfertige Poularde (etwa 1,3 kg),
1 Bund Lauchzwiebeln,
1/2 l französischer Wermut (Noilly Prat),
1 kleine Dose Tomaten (400 g).

Zerdrückten Knoblauch, Kräuter und drei Eßlöffel Öl mischen. Mit Salz und Pfeffer würzen. Die Poularde zerteilen, abspülen und trockentupfen. Mit der Kräutermischung bestreichen. Im restlichen Öl braun braten. Herausnehmen. Lauchzwiebeln waschen und putzen. Im Bratfett andünsten. Geflügelteile und Wermut zugeben. Im geschlossenen Topf bei kleiner Hitze 40 Minuten schmoren. Die Tomaten ohne Flüssigkeit zugießen und noch zehn Minuten weiterschmoren. Mit Salz und Pfeffer abschmecken.
(1 Stunde 15 Minuten)

Dieses Rezept ist für vier Portionen berechnet und enthält: Eiweiß: 235 g, Fett: 111 g, Kohlenhydrate: 76 g, 2789 Kalorien, pro Portion ca. 700 Kalorien

Dazu: Baguette

Gefüllte Poularde mit Mangold

1 Zwiebel,
125 g Avorio-Reis
(ersatzweise Langkornreis),
3 Essl. Olivenöl,
300 ccm Hühnerbrühe (Instant),
Salz, 500 g Mangold,
60 g Pinienkerne,
1 küchenfertige Poularde
(etwa 1,5 kg),
Salz,
frisch gemahlener Pfeffer,
2 Essl. Honig,
1 Essl. Zitronensaft.

Zwiebelwürfel und Reis in heißem Öl glasig dünsten. Brühe zugießen und zugedeckt bei kleinster Hitze 15 Minuten quellen lassen. Mangold putzen und in sprudelndem Salzwasser drei Minuten kochen. Abtropfen und trokkentupfen. Pinienkerne ohne Fett goldbraun rösten. Unter den Reis mischen. Mangoldblätter mit je einem Eßlöffel Reis aufrollen. Poularde waschen, mit Küchenkrepp trockentupfen, von innen salzen und pfeffern und mit den Mangoldröllchen füllen. Mit Holzspießchen zustecken. Salz, Pfeffer, Honig und Zitronensaft verrühren. Poularde damit bestreichen und in eine ofenfeste Form legen. In den Backofen schieben, auf 200 Grad/Gas Stufe 3 schalten und eine Stunde braten. Nach 50 Minuten die restlichen Röllchen zufügen. (1 Stunde 30 Minuten)

Dieses Rezept ist für vier Portionen berechnet und enthält: Eiweiß: 262 g, Fett: 129 g, Kohlenhydrate: 68 g, 3009 Kalorien, pro Portion ca. 750 Kalorien

Hähnchen aus dem Tontopf

1 küchenfertige Poularde
(etwa 1,3 kg),
Salz,
50 g durchwachsener Speck,
2 Zwiebeln,
1 Bund Petersilie,
2 Essl. Edelsüss-Paprika,
2 rote Paprikaschoten.

Poularde innen und außen salzen. Speck- und Zwiebelwürfel und Petersiliensträußchen in das Hähnchen füllen. In einen gewässerten Tontopf legen. Mit Paprika bestäuben. Topf schließen und in den Backofen schieben. Auf 225 Grad/Gas Stufe 4 schalten und eine Stunde backen. Paprikastreifen zufügen und weitere 40 Minuten garen.
(1 Stunde 50 Minuten)

Dieses Rezept ist für drei Portionen berechnet und enthält: Eiweiß: 201 g, Fett: 85 g, Kohlenhydrate: 19 g, 1656 Kalorien, pro Portion ca. 552 Kalorien

Dazu: Kartoffeln

4 Hähnchenschenkel
à etwa 200 g,
Salz, Butterschmalz,
200 ml Weisswein
(ersatzweise Apfelsaft),
300 g Champignons,
3 Essl. Crème fraîche,
2 Essl. Honig,
1 Teel. Rosmarinnadeln,
60 g grüne Oliven ohne Kern.

Honighähnchen mit Oliven

Hähnchenschenkel am Gelenk durchschneiden. Hähnchenteile salzen und bei kleiner Hitze in Butterschmalz etwa zehn Minuten von allen Seiten braun anbraten. Wein zugießen und zugedeckt 20 Minuten schmoren. Hähnchenteile herausnehmen und warm stellen. Champignons in die Pfanne geben. Crème fraîche, Honig und Rosmarin zufügen und fünf Minuten kochen lassen. Oliven und Hähnchenteile zufügen. In dem Champignongemüse erhitzen. Mit Salz abschmekken. (45 Minuten)

Dieses Rezept ist für vier Portionen berechnet und enthält: Eiweiß: 133 g, Fett: 77 g, Kohlenhydrate: 31 g, 1574 Kalorien, pro Portion ca. 395 Kalorien

Dazu: Baguette

Nasi goreng

400 g Hühnerfleisch ohne Haut und Knochen, 2 Zwiebeln, 1 Knoblauchzehe, 4 Eßl. Öl, 1 Teel. Curry, Salz, frisch gemahlener Pfeffer, 1 Chilischote, 150 g Reis, 300 ccm Hühnerbrühe (Instant), 2 Eier, 2 Eßl. Milch, 2–3 Eßl. Sojasosse, 100 g Krabbenfleisch, 1 grosse Banane, 20 g Butter.

Hühnerfleisch in Streifen schneiden. Zwiebeln und Knoblauch abziehen und würfeln. Zwei Eßlöffel Öl erhitzen und das Fleisch darin braun braten. Herausnehmen und mit Curry, Salz und Pfeffer bestreuen. Zwiebeln und Knoblauch im Fett glasig dünsten. Chilischote und Reis zufügen und kurz andünsten. Hühnerbrühe zufügen und im geschlossenen Topf 20 Minuten garen. Inzwischen Eier mit Salz, Pfeffer und Milch verrühren. In zwei Eßlöffel Öl drei dünne Omeletts backen. Aufeinander legen und aufrollen. Die Rolle in Scheiben schneiden. Reis mit Curry, Salz und Sojasoße abschmecken. Hühnerfleisch, Krabben und die Omelettstreifen unterrühren. Banane schälen und in heißer Butter braun braten. Zum Nasi goreng servieren. (45 Minuten)

Dieses Rezept ist für drei Portionen berechnet und enthält: Eiweiß: 148 g, Fett: 93 g, Kohlenhydrate: 178 g, 2095 Kalorien, pro Portion ca. 700 Kalorien

Dazu: Kroepoek (ausgebackenes Krabbenbrot)

Mexikanische Tacos mit Huhn

3 Hühnerbrustfilets
(etwa 400 g), Salz,
frisch gemahlener Pfeffer,
2 Essl. Olivenöl,
1 Chilischote,
2 Knoblauchzehen,
1/2 Eisbergsalat,
1 rote Paprikaschote,
2 Lauchzwiebeln, 1/2 Ananas,
1 Paket Taco Shells
(geröstete Maisfladen;
Inhalt 12 Stück),
1 Becher
Crème fraîche (150 g),
3 Essl. Erdnussbutter,
1 Bund Schnittlauch.

Hühnerbrustfilets salzen und pfeffern. In heißem Fett von jeder Seite fünf Minuten braten. Herausnehmen und abkühlen lassen. Chilischote und Knoblauch fein hacken und im Bratfett eine Minute dünsten. Eisbergsalat in feine Streifen, Paprika in feine Würfel und Lauchzwiebeln in feine Ringe schneiden. Die Hälfte der geschälten Ananas im Mixer pürieren, den Rest in feine Stücke schneiden. Ananasstücke mit Salat, Paprika und Lauchzwiebeln vermischen. Hühnerbrust in Streifen schneiden. Tacos auf ein Backblech legen und nach Packungsanweisung im Backofen erwärmen. Ananaspüree mit Crème fraîche, Chilischote, Knoblauch, Salz und Erdnußbutter verrühren. Salat und Hünerbruststreifen in die Tacos füllen und mit Ananassoße begießen. Mit Schnittlauchröllchen bestreuen.
(35 Minuten)

Dieses Rezept ist für sechs Portionen berechnet und enthält: Eiweiß: 127 g, Fett: 122 g, Kohlenhydrate: 176 g, 2310 Kalorien, pro Portion ca. 385 Kalorien

Geflügelpfanne mit Mais und Zwiebeln

1 küchenfertige Poularde
(etwa 1,4 kg),
4 Essl. Öl, Salz,
frisch gemahlener Pfeffer,
2 Gemüsezwiebeln à etwa 350 g,
2 Knoblauchzehen,
1/4 l Gemüsesaft,
1 Dose Gemüsemais
(Einwaage 285 g),
1 Bund Schnittlauch.

Poularde in sechs Teile zerlegen und die Haut abziehen. Öl in einer großen Pfanne erhitzen und das Fleisch von allen Seiten darin braun anbraten. Salzen und pfeffern. Zwiebelachtel, Knoblauchscheiben und Gemüsesaft zufügen und in der geschlossenen Pfanne 40 Minuten bei kleiner Hitze schmoren. Abgetropften Gemüsemais zufügen und noch fünf Minuten weiterschmoren. Mit Salz und Pfeffer abschmecken und mit Schnittlauchröllchen bestreut servieren. (1 Stunde 10 Minuten)

Dieses Rezept ist für vier Portionen berechnet und enthält: Eiweiß: 229 g, Fett: 107 g, Kohlenhydrate: 99 g, 2417 Kalorien, pro Portion ca. 605 Kalorien

Dazu: Baguette und Tomatensalat

300 g Hähnchenleber,
1 Essl. Butter oder Margarine,
Salz,
frisch gemahlener Pfeffer,
100 ccm Portwein
(ersatzweise Traubensaft),
200 g Butter,
2 Essl. Crème fraîche.

Hähnchenleber waschen, trockentupfen. Sehnen und Adern abschneiden. Hähnchenleber von allen Seiten in heißem Fett in etwa fünf Minuten goldbraun braten. Salzen, pfeffern und aus der Pfanne nehmen. Mit Portwein begießen und über Nacht kühl stellen. Leber abtropfen lassen. Im Mixer oder mit dem Schneidstab des Handrührers pürieren. Butter schmelzen und nach und nach zusammen mit der Crème fraîche zugeben. Eventuell durch ein feines Sieb streichen und mit Salz und Pfeffer nachwürzen. Bis zum Servieren kalt stellen. (Ohne Wartezeit 25 Minuten)

Dieses Rezept ist als Vorspeise für sechs Portionen berechnet und enthält: Eiweiß: 68 g, Fett: 211 g, Kohlenhydrate: 12 g, 2190 Kalorien, pro Portion ca. 365 Kalorien

Dazu: Feldsalat, Walnüsse und Toastbrot

Geflügelleber-Creme

Putenschnitzel süß-sauer

1 Dose Ananasstücke
(Einwaage 350 g),
600 g Putenbrust,
2 Eier, 2 Essl. Speisestärke,
6 Essl. süsse Sojasosse, Salz,
frisch gemahlener Pfeffer,
4 Essl. Öl,
1/8 l Tomatenketchup,
3 Essl. Essig, 1 Essl. Zucker,
1–2 Teel. Sambal Oelek
(indonesische Würzpaste).

Ananas auf einem Sieb abtropfen lassen. Saft auffangen. Putenfleisch in dünne Scheiben schneiden. Die Eier mit Speisestärke und zwei Eßlöffel Sojasoße verrühren. Mit Salz und Pfeffer würzen. Fleisch darin wenden und in heißem Öl von jeder Seite zwei bis drei Minuten braten. Herausnehmen und warm stellen. Restliche Sojasoße, Tomatenketchup, Essig und 100 Kubikzentimeter Ananassaft in der Pfanne aufkochen lassen. Ananasstücke in der Soße erwärmen. Die Soße mit Zucker, Sambal Oelek und Salz abschmekken. Über die Putenschnitzel gießen. (30 Minuten)

Dieses Rezept ist für fünf Portionen berechnet und enthält: Eiweiß: 170 g, Fett: 69 g, Kohlenhydrate: 157 g, 2087 Kalorien, pro Portion ca. 420 Kalorien

Dazu: Reis

2 Putenschnitzel à 120 g,
Salz,
frisch gemahlener Pfeffer,
2 grosse Salbeiblätter,
2 Scheiben Frühstücksspeck
(Bacon),
30 g Butter oder Margarine,
4 cl Anisschnaps
(ersatzweise Brühe),
2 Essl. Paprikamark,
1 Essl. Crème double.

Putenschnitzel mit Salbei

Schnitzel salzen und pfeffern. Jeweils ein Blatt Salbei und ein Stück Speck mit einem Holzstäbchen auf dem Fleisch feststecken. In heißem Fett von jeder Seite etwa drei Minuten braten. Herausnehmen und warm stellen. Anisschnaps, Paprikamark und Crème double in die Pfanne geben und bei großer Hitze unter Rühren cremig einkochen lassen. Die Soße mit Salz und Pfeffer abschmecken und zum Fleisch servieren. (20 Minuten)

Dieses Rezept ist für zwei Portionen berechnet und enthält: Eiweiß: 63 g, Fett: 51 g, Kohlenhydrate: 5 g, 888 Kalorien, pro Portion ca. 440 Kalorien

DAZU: NUDELN

Gekochte Putenbrust mit Zitronensoße

500 g Porree, 4 Zitronen,
2 Zwiebeln, Salz,
1 Essl. Pfefferkörner,
1 grosser Zweig Thymian,
1 Lorbeerblatt,
1,2 kg Putenbrust,
50 g Mehl,
50 g Butter oder Margarine,
Zitronenpfeffer,
2 Bund Schnittlauch.

Porree putzen, waschen und in grobe Stücke schneiden. Zwei Zitronen heiß abwaschen und in Scheiben schneiden. Zwiebeln abziehen und vierteln. Porree, Zitronenscheiben, Zwiebeln, einen Liter Salzwasser, Pfefferkörner, Thymian und Lorbeerblatt aufkochen. Fleisch zufügen und eine Stunde 15 Minuten sieden lassen. Fleisch herausnehmen und warm stellen. Die Brühe durch ein Sieb gießen. Mehl in heißem Fett andünsten. Einen dreiviertel Liter Fleischbrühe unter Rühren zugießen. Bei kleiner Hitze fünf Minuten kochen. Soße mit Salz und Zitronenpfeffer abschmecken. Restliche Zitronen in Stücke schneiden. Das Fleisch mit Schnittlauchröllchen bestreuen und mit Zitronenstücken auf einer Platte anrichten. Soße dazu servieren. (1 Stunde 30 Minuten)

Dieses Rezept ist für sechs Portionen berechnet und enthält: Eiweiß: 302 g, Fett: 63 g, Kohlenhydrate: 73 g, 2560 Kalorien, pro Portion ca. 430 Kalorien

Putenrouladen mit Schafkäse

4 Scheiben Putenbrust à 180 g,
1/2 Teel. gemahlener Koriander,
frisch gemahlener Pfeffer,
2 Stiele frische Minze,
100 g Schafkäse, Salz, 3 Essl. Öl,
1/4 l Weisswein
(ersatzweise Brühe und Zitronensaft),
2 Bund Lauchzwiebeln,
1 Glas schwarze Oliven
(Einwaage 85 g),
1 Essl. heller Sossenbinder
(Instant).

Fleisch mit Koriander und Pfeffer bestreuen. Abgezupfte Minzeblättchen (einige zum Garnieren beiseite legen) und zerbröckelten Schafkäse darauf verteilen. Fleisch aufrollen und mit Küchenband binden. In einer Pfanne in heißem Öl rundherum braun anbraten. Salzen. Wein zugießen und 30 Minuten schmoren. Lauchzwiebeln putzen und waschen. Mit den Oliven zufügen. Weitere fünf Minuten garen. Mit Salz, Pfeffer und Koriander abschmekken. Soßenbinder zum Schmorsud geben und eine Minute kochen. Mit Minzeblättchen garniert servieren. (50 Minuten)

Dazu: Kräuterreis

Dieses Rezept ist für vier Portionen berechnet und enthält: Eiweiß: 49 g, Fett: 102 g, Kohlenhydrate: 14 g, 1547 Kalorien, pro Portion ca. 390 Kalorien

Gefüllte Putenbrust

500 g Champignons, 1 Zwiebel,
30 g Butter oder Margarine,
1 Becher Crème fraîche (200 g),
Salz,
frisch gemahlener Pfeffer,
1 Bund glatte Petersilie,
1,2 kg Putenbrust,
1/4 l Weisswein
(ersatzweise Brühe und etwas Zitronensaft).

Die Hälfte der geputzten Pilze in Scheiben schneiden, den Rest halbieren oder vierteln. Champignonscheiben und Zwiebelwürfel in heißem Fett dünsten, bis die Flüssigkeit verdampft ist. Zwei Eßlöffel Crème fraîche zugeben und dicklich einkochen lassen. Mit Salz und Pfeffer würzen. Etwas abkühlen lassen. Grob gehackte Petersilie (einige Blätter zurücklassen) unterrühren. Das Fleisch waagerecht einschneiden, auseinanderklappen und mit Salz und Pfeffer einreiben. Mit der Füllung bestreichen, wieder zusammenklappen. Mit Holzspießchen und Küchenband verschließen. Fleisch mit restlicher Petersilie belegen und in einen Bräter legen. Im Backofen bei 200 Grad/Gas Stufe 3 dreißig Minuten braten. Restliche Champignons und Wein zugeben und eine Stunde weitergaren. Fleisch und Champignons auf einer Platte anrichten. Schmorsud mit Crème fraîche verrühren, aufkochen und mit Salz und Pfeffer abschmecken.
(2 Stunden)

Dieses Rezept ist für sechs Portionen berechnet und enthält: Eiweiß: 294 g, Fett: 87 g, Kohlenhydrate: 29 g, 2343 Kalorien, pro Portion ca. 390 Kalorien

Dazu: Petersilienkartoffeln und Brokkoli

Putenrollbraten mit Mett und Banane

200 g Schweinehackfleisch (Mett),
1 Bund Petersilie,
2 Knoblauchzehen, Salz,
frisch gemahlener Pfeffer,
1–2 Teel. Curry,
1 grosse flache Scheibe Putenbrust (etwa 1 kg),
1 Banane, 2 Essl. Öl,
1/4 l Hühnerbrühe (Instant),
250 g Zwiebeln,
1 Essl. Speisestärke.

Hackfleisch mit gehackter Petersilie und zerdrückten Knoblauchzehen verkneten. Mit Salz, Pfeffer und Curry abschmecken. Die Putenbrust mit Bananenscheiben belegen. Das Hackfleisch darauf verteilen. Das Fleisch zusammenklappen und mit Küchengarn binden. In heißem Öl rundherum braun anbraten. Salzen und pfeffern. Brühe zugießen und im geschlossenen Topf bei kleiner Hitze 30 Minuten schmoren. Zwiebeln mit kochendem Wasser übergießen und die Haut abziehen. Zwiebeln zum Fleisch geben und noch 30 Minuten weiterschmoren. Fleisch und Zwiebeln herausnehmen und warm stellen. Speisestärke mit etwas Wasser verrühren, zum Schmorsud geben und aufkochen. Mit Salz, Pfeffer und Curry abschmecken.
(1 Stunde 20 Minuten)

Dieses Rezept ist für fünf Portionen berechnet und enthält: Eiweiß: 278 g, Fett: 87 g, Kohlenhydrate: 71 g, 2335 Kalorien, pro Portion ca. 465 Kalorien

Putencurry

600 g Putenbrust,
40 g Butter oder Margarine,
2 Essl. brauner Zucker,
1 Essl. milder Curry,
1 Teel. Zimt,
1/4 Teel. Ingwerpulver,
100 g Zwiebeln, 2 Möhren,
1/4 l Brühe (Instant),
100 g Champignons,
1 Bund Lauchzwiebeln,
2 Essl. Kokosraspel,
1–2 Essl. Essig, Salz.

Fleischwürfel in heißem Fett rundherum braun anbraten. Mit einem Eßlöffel Zucker bestreuen. Mit Curry, Zimt und Ingwer würzen. Zwiebelviertel und Möhrenstücke zufügen und andünsten. Brühe zugießen und in der geschlossenen Pfanne 30 Minuten schmoren. Champignon- und Lauchzwiebelstücke zufügen und noch fünf Minuten weiterschmoren. Kokosraspel ohne Fett in einer Pfanne anrösten und mit restlichem Zucker bestreuen. Das Gericht mit Essig, Salz und Curry scharf abschmecken. Mit Kokosraspeln bestreut servieren.
(45 Minuten)

Dazu: Reis

Dieses Rezept ist für drei Portionen berechnet und enthält: Eiweiß: 103 g, Fett: 45 g, Kohlenhydrate: 96 g, 1275 Kalorien, pro Portion ca. 425 Kalorien

Putenschnitzel mit Orangensoße

4 Putenschnitzel à 200 g,
Salz,
frisch gemahlener Pfeffer,
Curry, 3 Orangen,
3 Essl. Öl, 2 Zwiebeln,
1 Becher Schlagsahne (250 g),
evtl. 2 Essl. Orangenlikör.

Fleisch mit Salz, Pfeffer und Curry würzen. Mit dem Saft einer Orange beträufeln und 30 Minuten stehenlassen. Restliche Orangen so schälen, daß die weiße Haut entfernt ist. Fruchtfleisch herauslösen. Saft dabei auffangen. Die abgetropften und trockengetupften Putenschnitzel in heißem Öl von jeder Seite vier Minuten braten. Herausnehmen und warm stellen. Zwiebelwürfel im Bratfett glasig dünsten. Orangensaft und Sahne zugießen und bei großer Hitze aufkochen. Mit Salz, Curry und Orangenlikör abschmecken. Orangenfilets auf dem Fleisch anrichten. Soße dazu servieren. (50 Minuten)

Dieses Rezept ist für vier Portionen berechnet und enthält: Eiweiß: 196 g, Fett: 126 g, Kohlenhydrate: 66 g, 2399 Kalorien, pro Portion ca. 600 Kalorien

Dazu: Vollkornreis

Gebratene Putenkeule mit Paprika

1 Putenoberkeule (etwa 1,2 kg), Salz, Edelsüss-Paprika, je 2 grüne und gelbe Paprikaschoten, 200 g Zwiebeln, 3/8 l Weisswein (ersatzweise Brühe und etwas Zitronensaft), frisch gemahlener Pfeffer, 1 Prise Zucker.

Putenkeule mit Salz und Edelsüß-Paprika einreiben und in einen Bräter legen. Paprikastücke und halbierte Zwiebeln zum Fleisch geben. Wein zugießen und mit Salz und Pfeffer würzen. Bräter in den Backofen schieben, auf 200 Grad/Gas Stufe 3 schalten und etwa eine Stunde 30 Minuten braten. Fleisch und Gemüse herausnehmen und auf einer Platte warm halten. Den Schmorsud offen um die Hälfte einkochen, mit Salz und etwas Zucker abschmekken. (1 Stunde 45 Minuten)

Dieses Rezept ist für fünf Portionen berechnet und enthält: Eiweiß: 213 g, Fett: 38 g, Kohlenhydrate: 42 g, 1672 Kalorien, pro Portion ca. 335 Kalorien

Dazu: Kartoffeln oder Stangenweissbrot

Überbackene Putenkeule

1 Putenoberkeule (etwa 1,2 kg), Salz, frisch gemahlener Pfeffer, 50 g Butterschmalz, 1 unbehandelte Orange, 1/4 l Weisswein (ersatzweise Brühe), 2 Essl. Honig, 500 g kleine Zwiebeln, 1 Bund Petersilie, 2 Knoblauchzehen, 2 Essl. geriebener Käse (Gouda, Parmesan), 2 Zweige Thymian.

Die Putenkeule enthäuten und mit Salz und Pfeffer einreiben. Bräter mit dem Butterschmalz ausstreichen und die Putenkeule hineinlegen. In den Backofen schieben. Auf 200 Grad/Gas Stufe 3 schalten und 20 Minuten braten. Putenkeule mit dem flüssigen Butterschmalz bestreichen. Orangenschale in dünnen Streifen abziehen, Orange auspressen. Wein mit Orangensaft und Honig mischen und zugießen. 40 Minuten weiterbraten. Zwiebeln zugeben und 30 Minuten weiterbraten. Petersilienblätter und Knoblauch hakken. Mit geriebenem Käse, Thymianblättchen und der Orangenschale mischen. Mischung 15 Minuten vor Ende der Garzeit auf den Braten streuen.
(1 Stunde 35 Minuten)

Dieses Rezept ist für fünf Portionen berechnet und enthält: Eiweiß: 261 g, Fett: 101 g, Kohlenhydrate: 999 g, 2500 Kalorien, pro Portion ca. 500 Kalorien

Dazu: Baguette

Gebratene Putenkeule
mit Paprika

Überbackene Putenkeule

Putenragout mit Ananas

3 Knoblauchzehen,
1 Dose Ananasstücke
(Einwaage 350 g),
1 Teel. Sambal Oelek
(indonesische Würzpaste),
2 Essl. Öl, Salz,
750 g Putenbrustfleisch
in Würfeln,
3 Zwiebeln, 40 g Mandelstifte,
frisch gemahlener Pfeffer,
1/2 Becher Schlagsahne (125 g),
1 Bund Schnittlauch.

Zerdrückten Knoblauch mit vier Eßlöffel Ananassaft, Sambal Oelek, Öl und Salz verrühren. Über die Fleischwürfel gießen und zugedeckt zwei Stunden stehenlassen. Das abgetropfte Fleisch portionsweise in einer beschichteten Pfanne ohne Fett braun anbraten. Zwiebelringe zugeben und andünsten. Den Abtropfsaft und den restlichen Ananassaft zugießen. In der geschlossenen Pfanne 40 Minuten schmoren. Mandeln und Ananas zugeben und mit Salz und Pfeffer abschmekken. Schlagsahne leicht anschlagen und über das Ragout geben. Mit Schnittlauchröllchen bestreuen. (Ohne Wartezeit 1 Stunde)

Dieses Rezept ist für vier Portionen berechnet und enthält: Eiweiß: 189 g, Fett: 77 g, Kohlenhydrate: 105 g, 2151 Kalorien, pro Portion ca. 540 Kalorien

Dazu: Reis

Gefüllte Gans

1 küchenfertige Gans
(etwa 3,5 kg),
Salz,
frisch gemahlener Pfeffer,
1 kg säuerliche Äpfel,
1 Bund Majoran (ersatzweise
1 1/2 Teel. getrockneter),
etwa 1 Essl. Mehl.

Die Gans innen und außen mit Salz und Pfeffer einreiben. Äpfel schälen, vierteln und entkernen. Apfelstücke mit gehacktem Majoran vermischen. Die Gans damit füllen, zustecken, mit der Brust nach unten in einen Bräter legen und in den Backofen schieben. Auf 180 Grad/Gas Stufe 2 schalten und eine Stunde braten. Wenden und die Haut unter den Keulen anstechen, damit das Fett heraustritt. Noch eine Stunde 30 Minuten weiterbraten. Eventuell den Backofen in den letzten zehn Minuten auf 220 Grad/Gas Stufe 4 stellen, um die Gans zu bräunen. Das Fett abgießen, den Bratensatz mit einem dreiachtel Liter Wasser und zwei Eßlöffel Füllung aufkochen. Soße mit angerührtem Mehl binden und mit Salz abschmekken. (2 Stunden 30 Minuten)

Dazu: Kartoffelklösse und Rotkohl

Dieses Rezept ist für sechs Portionen berechnet und enthält: Eiweiß: 206 g, Fett: 400 g, Kohlenhydrate: 137 g, 5264 Kalorien, pro Portion ca. 875 Kalorien

Entenbrust mit Maronen-Apfelgemüse

4 Äpfel,
6 Essl. Weisswein
(ersatzweise Apfelsaft),
1 Teel. Zucker, Salz,
1 Dose Maronen (Esskastanien;
Einwaage etwa 250 g),
Muskat, Zimt,
2 Entenbrüste (etwa 440 g),
frisch gemahlener Pfeffer,
20 g Butterschmalz,
1 unbehandelte Orange.

Äpfel schälen, vierteln und das Kerngehäuse entfernen. In Wein, Zucker und einer Prise Salz zehn Minuten dünsten. Maronen zugeben und erhitzen. Mit etwas Muskat und Zimt würzen. Die Haut der Entenbrüste dreimal quer einschneiden. Pfeffern und salzen und in heißem Fett von beiden Seiten kroß anbraten. In Alufolie wickeln und in den Backofen legen. Auf 200 Grad/Gas Stufe 3 schalten und 20 Minuten garen. Bratensaft auffangen und zum Gemüse geben. Die Entenbrüste in Stücke schneiden und mit Orangenschale bestreuen.
(50 Minuten)

Dieses Rezept ist für drei Portionen berechnet und enthält: Eiweiß: 82 g, Fett: 96 g, Kohlenhydrate: 220 g, 2022 Kalorien, pro Portion ca. 675 Kalorien

Dazu: Kartoffelknödel

Flugente mit Weintrauben

1 küchenfertige Flugente
(etwa 2,2 kg),
Salz,
frisch gemahlener Pfeffer,
je 500 g blaue und grüne
Weintrauben,
2 Bund Lauchzwiebeln,
1 Zweig Rosmarin (oder
1 gestr. Teel. getrockneter),
30 g Butter,
1–2 Essl. Sossenbinder
(Instant),
2 Essl. Weinbrand
(eventuell weglassen).

Ente abspülen. Innen und außen gut trockentupfen, salzen und pfeffern. Trauben waschen und von den Stielen streifen. Lauchzwiebeln putzen, waschen und die Hälfte der Zwiebeln in Stücke schneiden. 700 Gramm Trauben, die Lauchzwiebelstückchen und gehackte Rosmarinnadeln vermischen. In die Ente füllen. Die Ente mit Holzstäbchen zustecken, zusammenbinden und in die Fettpfanne des Backofens legen, auf 200 Grad/Gas Stufe 3 schalten und 30 Minuten braten. Einen Viertelliter heißes Wasser zufügen und noch eine Stunde zehn Minuten braten. Restliche Lauchzwiebeln in heißer Butter fünf Minuten dünsten. Restliche Trauben zufügen. Mit Pfeffer würzen. Mit der Ente auf einer Platte anrichten. Warm stellen. Bratfond entfetten und den Sud mit einem Viertelliter Wasser aufkochen. Mit Soßenbinder andicken. Mit Weinbrand, Salz und Pfeffer abschmekken. (2 Stunden)

Dieses Rezept ist für vier Portionen berechnet und enthält: Eiweiß: 231 g, Fett: 237 g, Kohlenhydrate: 220 g, 4179 Kalorien, pro Portion ca. 1040 Kalorien

Dazu: Kartoffelklösse und grüner Salat

FLEISCH

Nicht nur Rezepte für Schweinefleisch, auch für Rind, Lamm und Kaninchen gibt es in diesem umfangreichen Kapitel. Klassisches, auf das auch in der modernen Küche kaum jemand verzichten will; aber auch Neues – für den Alltag und für Feste.

Schweinemedaillons mit Senfsahne

6 Schweinemedaillons à 80 g,
Salz,
3 Essl. körniger Senf
(ersatzweise Delikatessenf),
40 g Butter oder Margarine,
2 Schalotten,
1/2 Becher Schlagsahne (125 g),
1 kleine Gewürzgurke
(etwa 50 g),
frisch gemahlener Pfeffer,
Zucker.

Fleisch salzen und dünn mit Senf bestreichen. In heißem Fett von jeder Seite etwa drei Minuten braun braten. Aus der Pfanne nehmen und warm stellen. Schalottenwürfel im Bratfett glasig dünsten. Sahne zugießen und in der offenen Pfanne kochen, bis die Hälfte der Flüssigkeit verdampft ist. Restlichen Senf und kleingehackte Gurke zufügen. Die Soße mit Salz, Pfeffer und einer Prise Zucker abschmecken.
(20 Minuten)

Dieses Rezept ist für drei Portionen berechnet und enthält: Eiweiß: 174 g, Fett: 164 g, Kohlenhydrate: 16 g, 2230 Kalorien, pro Portion ca. 745 Kalorien

Dazu: Kartoffelgratin

Schweinefilet mit Mangold

1 Schweinefilet (etwa 300 g),
30 g Butter oder Margarine,
Salz,
frisch gemahlener Pfeffer,
1 Zwiebel, 1 Fleischtomate,
Zitronenpfeffer.

Schweinefilet in heißem Fett bei mittlerer Hitze rundherum 15 Minuten braten. Aus der Pfanne nehmen, mit Salz und Pfeffer würzen und warm stellen. Mangold in Streifen und Zwiebelwürfel im Bratfett fünf Minuten dünsten. Abgezogene, entkernte Tomatenstücke zugeben. Das Gemüse mit Salz und Zitronenpfeffer abschmecken. Mit dem Fleisch anrichten. (25 Minuten)

Dieses Rezept ist für drei Portionen berechnet und enthält: Eiweiß: 69 g, Fett: 57 g, Kohlenhydrate: 22 g, 869 Kalorien, pro Portion ca. 290 Kalorien

Dazu: Kartoffeln

Rosmarin-Koteletts

1 Zweig Rosmarin,
2 Knoblauchzehen,
1 Tube Paprikamark (80 g),
Salz, 4 Koteletts,
2 Zitronen,
frisch gemahlener Pfeffer,
3 Essl. Öl, 1/4 l Rotwein
(ersatzweise Brühe),
1–2 Essl. Edelsüss-Paprika,
1/2 Becher Crème fraîche
(75 g).

Rosmarinnadeln und Knoblauch fein hacken. Einen Eßlöffel Rosmarin, Knoblauch und zwei Eßlöffel Paprikamark mit etwas Salz verrühren. Koteletts mit je einem Eßlöffel Zitronensaft beträufeln und mit Salz und Pfeffer würzen. In heißem Öl von jeder Seite vier Minuten braten. Mit der gewürzten Paprikapaste bestreichen und von jeder Seite drei Minuten weiterbraten. Herausnehmen und warm stellen. Restlichen Rosmarin, Wein und restliches Paprikamark in die Pfanne geben und offen etwas einkochen. Mit Salz, Pfeffer und Edelsüß-Paprika abschmecken. Crème fraîche unterrühren und die Soße zu den Koteletts servieren.
(30 Minuten)

Dieses Rezept ist für vier Portionen berechnet und enthält: Eiweiß: 84 g, Fett: 198 g, Kohlenhydrate: 20 g, 2186 Kalorien, pro Portion ca. 550 Kalorien

Dazu: Kartoffeln und Salat

Überbackene Schweinemedaillons

30 g durchwachsener Speck,
150 g Austernpilze,
2 Lauchzwiebeln,
1/2 Bund Petersilie,
40 g Knoblauchkäse,
2 Essl. Crème fraîche,
8 Schweinemedaillons à 80 g,
Salz,
frisch gemahlener Pfeffer,
2 Essl. Öl, Fett für die Form.

Speck sehr fein würfeln. Austernpilze mit Küchenkrepp abreiben und in Streifen schneiden. Lauchzwiebeln in feine Ringe schneiden. Speck bei kleiner Hitze auslassen. Zwiebeln und Pilze zugeben und vier Minuten dünsten. Petersilie hakken. Käse reiben. Petersilie, Käse und Crème fraîche zu den Pilzen geben und verrühren. Schweinemedaillons salzen und pfeffern. In heißem Öl von jeder Seite zwei Minuten anbraten. Fettpfanne oder ofenfeste Form ausfetten. Medaillons darauflegen. Auf jedes Medaillon einen Eßlöffel von der Pilzmasse geben. In den Backofen schieben, auf 200 Grad/Gas Stufe 3 schalten und etwa 25 Minuten überbacken.
(1 Stunde)

Dieses Rezept ist für vier Portionen berechnet und enthält: Eiweiß: 139 g, Fett: 147 g, Kohlenhydrate: 14 g, 1846 Kalorien, pro Portion ca. 460 Kalorien

Dazu: Salzkartoffeln

Rosmarin-Koteletts

Überbackene Schweinemedaillons

Schweinenacken mit Kartoffeln und Tomaten

600 g Schweinenacken ohne Knochen,
2 Essl. Öl, Salz,
frisch gemahlener Pfeffer,
1 Gemüsezwiebel,
1/8 l Weisswein,
1/8 l Brühe (Instant),
1 Dose Tomatenmark (70 g),
1 Essl. Edelsüss-Paprika,
500 g Kartoffeln,
500 g Tomaten,
1 Becher saure Sahne (200 g),
1 Knoblauchzehe,
1 Bund Petersilie.

Schweinefleisch in große Würfel schneiden und in heißem Öl portionsweise kräftig anbraten. Salzen und pfeffern. Zwiebelringe zufügen. Wein und Brühe mit Tomatenmark, Paprika, Salz und Pfeffer verrühren und zum Fleisch geben. Zugedeckt 30 Minuten schmoren. Kartoffelstücke und abgezogene Tomaten unterrühren und zugedeckt 30 Minuten weiterschmoren. Das Ragout mit Salz und Pfeffer abschmekken. Sahne mit zerdrücktem Knoblauch und gehackter Petersilie verrühren und zum Schluß über das Gericht geben. (1 Stunde 10 Minuten)

Dazu: Bauernbrot

Dieses Rezept ist für vier Portionen berechnet und enthält: Eiweiß: 140 g, Fett: 201 g, Kohlenhydrate: 161 g, 2938 Kalorien, pro Portion ca. 735 Kalorien

Kasselerkoteletts auf Weißkohl

1 Weisskohl (etwa 1,2 kg),
50 g Butter oder Margarine,
1/4 l Brühe (Instant),
je 1 Essl. Edelsüss-Paprika,
Pfeffer und Pimentkörner,
2 rote Paprikaschoten,
4 Kasselerkoteletts
à etwa 150 g, Salz,
frisch gemahlener Pfeffer.

Weißkohlstreifen in einem weiten Topf in heißem Fett andünsten. Brühe, Paprika, Pfeffer und Pimentkörner zufügen. Paprikastreifen unterheben. Koteletts auf das Gemüse legen und alles zusammen 30 Minuten im geschlossenen Topf garen. Das Gericht mit Salz und Pfeffer abschmecken.
(45 Minuten)

Dieses Rezept ist für vier Portionen berechnet und enthält: Eiweiß: 130 g, Fett: 202 g, Kohlenhydrate: 55 g, 2542 Kalorien, pro Portion ca. 635 Kalorien

Dazu: Salzkartoffeln

Dicke Rippe mit Porree

75 g durchwachsener Speck,
250 g Porree, 150 g Möhren,
1 Becher Crème fraîche (175 g),
1 Eigelb, Salz,
frisch gemahlener Pfeffer,
1 kg dicke Rippe
(vom Fleischer eine Tasche
einschneiden lassen),
1/4 l Weisswein
(ersatzweise Brühe).

Speckwürfel bei kleiner Hitze in einer Pfanne ausbraten. Porreeringe und Möhrenscheiben hineingeben und fünf Minuten dünsten. Die Hälfte der Crème fraîche zugeben und aufkochen. Abkühlen lassen und Eigelb unterrühren. Mit Salz und Pfeffer kräftig abschmecken. Rippe von innen und außen mit Salz und Pfeffer einreiben und mit dem Gemüse füllen. Die Öffnung mit Holzstäbchen zustecken. Fleisch in einen Bräter legen. In den Ofen schieben, auf 200 Grad/Gas Stufe 3 schalten und 30 Minuten braten. Wein nach und nach zugießen und noch eine Stunde weiterbraten. Fleisch herausnehmen und warm stellen. Schmorsud entfetten und mit restlicher Crème fraîche im offenen Topf bei mittlerer Hitze cremig einkochen lassen. Die Soße mit Salz und Pfeffer abschmecken und zum Fleisch servieren.
(2 Stunden)

Dieses Rezept ist für fünf Portionen berechnet und enthält: Eiweiß: 103 g, Fett: 402 g, Kohlenhydrate: 34 g, 4572 Kalorien, pro Portion ca. 910 Kalorien

Dazu: Kartoffelklösse

1 kg dicke Rippe,
Salz,
frisch gemahlener Pfeffer,
gemahlener Ingwer,
40 g Butterschmalz,
2 Essl. mittelscharfer Senf,
1 Zitrone,
1/4 l Brühe (Instant),
2 Bund kleine Möhren,
1 Bund glatte Petersilie.

Geschmorte Rippe in Zitronensoße

Fleisch mit Salz, Pfeffer und Ingwer einreiben. In heißem Butterschmalz von allen Seiten braun anbraten. Die obere Seite der dicken Rippe mit Senf bestreichen. Zitronensaft und Brühe zum Braten gießen. Zugedeckt 35 Minuten schmoren. Ganze oder in grobe Stücke geschnittene Möhren zugeben und 30 Minuten zugedeckt weiterschmoren. Petersilie grob hacken und über die Möhren streuen. (1 Stunde 15 Minuten)

Dieses Rezept ist für vier Portionen berechnet und enthält: Eiweiß: 196 g, Fett: 208 g, Kohlenhydrate: 677 g, 2810 Kalorien, pro Portion ca. 700 Kalorien

DAZU: PELLKARTOFFELN

Kümmelgulasch

750 g Schweineschulter ohne Knochen,
4 Essl. Öl, 4 Zwiebeln,
1 1/2 Essl. Kümmel, Salz,
frisch gemahlener Pfeffer,
3 Essl. Sojasosse,
1/4 l Brühe (Instant),
1 Becher saure Sahne (150 g),
1 Teel. Sossenbinder (Instant),
Zucker,
evtl. 1–2 Essl. Kümmelschnaps (Aquavit).

Fleisch in Würfel schneiden und in heißem Öl portionsweise rundherum braun anbraten. Zwiebelringe zufügen und ebenfalls anbraten. Mit Kümmel, Salz, Pfeffer und Sojasoße würzen. Brühe zugießen und im geschlossenen Topf bei kleiner Hitze eine Stunde schmoren. Saure Sahne unterrühren. Das Gulasch mit Soßenbinder andicken. Mit Salz, Pfeffer, einer Prise Zucker und evtl. Kümmelschnaps abschmekken. (1 Stunde 20 Minuten)

Dieses Rezept ist für fünf Portionen berechnet und enthält: Eiweiß: 137 g, Fett: 238 g, Kohlenhydrate: 26 g, 2848 Kalorien, pro Portion ca. 570 Kalorien

Dazu: Speckknödel und grüner Salat

Filetgulasch mit Tomaten

500 g Schweinefilet,
2 Essl. Öl, Salz,
frisch gemahlener Pfeffer,
3 Zwiebeln,
1 kleine Dose Tomaten (800 g),
Tabasco,
2 Zweige Zitronenmelisse.

Filet in einen halben Zentimeter dicke Scheiben schneiden. Filetscheiben in heißem Öl unter Wenden bei großer Hitze braun anbraten. Salzen und pfeffern. Zwiebelachtel und Tomaten mit der Flüssigkeit zum Fleisch geben. Alles im geschlossenen Topf zehn Minuten bei kleiner Hitze schmoren. Das Gulasch mit Salz, Pfeffer und Tabasco scharf abschmecken. Mit Zitronenmelisse bestreut servieren. (30 Minuten)

Dieses Rezept ist für drei Portionen berechnet und enthält: Eiweiß: 96 g, Fett: 73 g, Kohlenhydrate: 14 g, 1183 Kalorien, pro Portion ca. 395 Kalorien

Dazu: Reis oder Baguette

Schweinebraten mit Porree

1,2 kg Schweinerücken (vom Fleischer die Knochen herauslösen lassen), 2 Knoblauchzehen, Salz, frisch gemahlener Pfeffer, 2 Essl. Öl, 1,5 kg Porree, 200 ccm Brühe (Instant), 1 Zitrone, evtl. 1–2 Essl. Speisestärke.

Fleisch rundherum mit zerdrücktem Knoblauch, Salz und Pfeffer einreiben. In heißem Öl braun anbraten. Herausnehmen. Porreestangen im ganzen im Bratfett andünsten. Salzen und pfeffern. Fleisch auf den Porree legen. Brühe und Zitronensaft zugießen. Im geschlossenen Topf bei kleiner Hitze eine Stunde 30 Minuten garen. Schmorsud entfetten und eventuell mit angerührter Speisestärke binden. Mit Salz und Pfeffer abschmecken. (2 Stunden)

Dieses Rezept ist für sechs Portionen berechnet und enthält: Eiweiß: 200 g, Fett: 395 g, Kohlenhydrate: 56 g, 4576 Kalorien, pro Portion ca. 760 Kalorien

Dazu: Kartoffelklösse

Schweinebraten mit Backpflaumen

Je 1/2 Teel. Zimt und Nelkenpulver,
200 ccm Rotwein (ersatzweise Apfelsaft),
250 g Backpflaumen ohne Stein,
1,7 kg Schweineschulter mit Schwarte (vom Fleischer einschneiden lassen),
Salz,
frisch gemahlener Pfeffer,
Majoran, 1/4 l Brühe (Instant),
3 säuerliche Äpfel,
1 kg kleine Kartoffeln,
2 Essl. Zucker.

Zimt und Nelkenpulver mit dem Rotwein verrühren. Backpflaumen über Nacht darin einweichen. Die Schweineschulter rundherum mit Salz, Pfeffer und Majoran einreiben. In einen Bräter legen. Brühe zugießen. In den Backofen schieben, auf 175 Grad/Gas Stufe 2 schalten und eine Stunde 30 Minuten braten. Apfelviertel und geschälte Kartoffelhälften mit den Backpflaumen in den Bräter legen. Mit Rotwein begießen und mit Zucker bestreuen. Eine Stunde weiterbraten. (2 Stunden 40 Minuten)

Dieses Rezept ist für sechs Portionen berechnet und enthält: Eiweiß: 317 g, Fett: 388 g, Kohlenhydrate: 386 g, 6793 Kalorien, pro Portion ca. 1130 Kalorien

Dazu: Kartoffelknödel

Gefüllter Schweinebauch mit Erdnußkruste

2 Zwiebeln, 2 Essl. Öl,
1 Essl. Curry, 125 g Reis,
3/8 l Weisswein
(ersatzweise Brühe),
1/8 l Hühnerbrühe (Instant),
1,8 kg Schweinebauch
(mit Tasche), Salz,
frisch gemahlener Pfeffer,
2 Porreestangen,
1/2 Paket TK-Erbsen (150 g),
200 g ungesalzene Erdnüsse,
2 Eier,
1/2 Glas Erdnussmus
(etwa 200 g),
Sossenbinder (Instant).

Zwiebelwürfel, Curry und Reis in Öl andünsten. Mit einem Achtelliter Wein und der Brühe auffüllen. 20 Minuten quellen lassen. Schweinebauch innen und außen salzen und pfeffern. Reis, fein geschnittenen Porree, Erbsen und 50 Gramm Erdnüsse vermischen. Eier unterrühren. Schweinebauch damit füllen. Zustecken. Schwarte mit Erdnußmus bestreichen. Fleisch in einen Bräter legen. Restlichen Wein und einen Achtelliter Wasser zugießen. In den Backofen schieben, auf 200 Grad/Gas Stufe 3 schalten und etwa 45 Minuten braten. Restliche Erdnüsse auf den Braten drükken. Eine Stunde und 15 Minuten weiterbraten. Bratensud mit Soßenbinder andicken.
(2 Stunden 30 Minuten)

Dieses Rezept ist für zehn Portionen berechnet und enthält: Eiweiß: 341 g, Fett: 947 g, Kohlenhydrate: 192 g, 10 930 Kalorien, pro Portion ca. 1095 Kalorien

Dazu: Pellkartoffeln

Rouladen mit Sojasprossen

30 g Trockenpilze,
6 dünne Scheiben
Schweineschnitzel à 100 g,
Salz,
frisch gemahlener Pfeffer,
1 Paket Frischkäse (62,5 g),
1/2 Paket Sojasprossen (125 g),
2 Essl. Öl, 4 Essl. Sojasosse,
1/8 l Brühe (Instant),
1/2 Becher Schlagsahne (100 g).

Pilze in einem Achtelliter warmem Wasser etwa 30 Minuten einweichen. Rouladen salzen, pfeffern und mit Frischkäse bestreichen. Abgespülte Sojasprossen und abgetropfte Pilze auf dem Fleisch verteilen. Rouladen aufrollen und mit Holzspießchen zusammenstecken. Rouladen in heißem Öl rundherum anbraten. Pilzwasser, Sojasoße und Brühe zugießen und im geschlossenen Topf eine Stunde schmoren. Rouladen herausnehmen und warm stellen. Sahne zum Schmorsud gießen. Im offenen Topf bei großer Hitze sämig einkochen lassen. Die Soße mit wenig Salz und Pfeffer kräftig abschmecken und sofort zu den Rouladen servieren. (Ohne Wartezeit 1 Stunde 20 Minuten)

Dieses Rezept ist für drei Portionen berechnet und enthält: Eiweiß: 146 g, Fett: 127 g, Kohlenhydrate: 29 g, 1845 Kalorien, pro Portion ca. 615 Kalorien

Dazu: Reis

Gefüllter Schweinebauch mit Erdnußkruste

Rouladen mit Sojasprossen

Möhrencurry mit Schweinefleisch

40 g Butterschmalz,
1 Essl. Kurkuma, 2 Essl. Honig,
500 g Schweinenacken,
500 g Möhren, 5 Zwiebeln,
2 Knoblauchzehen,
1 Teel. Koriander,
1 Prise gemahlener Ingwer,
frisch gemahlener Pfeffer,
Salz, 1 Zitrone,
1 Bund Petersilie,
50 g Cashewkerne.

Butterschmalz in einer großen Pfanne zerlassen. Kurkuma und Honig zugeben und verrühren. Kleine Schweinefleischwürfel zugeben und unter Rühren kräftig anbraten. Möhrenscheiben, halbierte Zwiebeln und feingehackte Knoblauchzehen zugeben. Zehn Minuten in der Pfanne dünsten. Mit Koriander, Ingwer, Pfeffer, Salz und Zitronensaft würzen. Mit gehackter Petersilie und Cashewkernen bestreuen. (40 Minuten)

Dieses Rezept ist für vier Portionen berechnet und enthält: Eiweiß: 90 g, Fett: 224 g, Kohlenhydrate: 67 g, 2644 Kalorien, pro Portion ca. 660 Kalorien

Dazu: Salzkartoffeln

Rollbraten mit Kräutern

1,2 kg Schweineschulter ohne Knochen (vom Fleischer für einen Rollbraten vorbereiten lassen),
Salz,
frisch gemahlener Pfeffer,
3 Essl. milder Senf,
2 Bund Petersilie,
je 1 Bund Schnittlauch, Dill und Liebstöckel,
1/2 Bund Estragon,
1 grosse Zitrone, 3 Essl. Öl,
1/4 l Brühe (Instant),
1/2 Becher Schlagsahne (100 g),
evtl. Sossenbinder (Instant).

Fleisch auseinanderbreiten, salzen, pfeffern und mit Senf bestreichen. Vier Eßlöffel gehackte Kräuter und etwas Salz verrühren. Auf das Fleisch streichen. Mit drei hauchdünnen Zitronenscheiben belegen, aufrollen und mit Küchenband binden. In heißem Öl anbraten. Salzen und pfeffern. Restlichen Zitronensaft und Brühe zugießen. Im geschlossenen Topf zwei Stunden bei kleiner Hitze schmoren. Fleisch herausnehmen. Schmorsud entfetten, durchsieben und mit der Sahne aufkochen. Restliche Kräuter unterrühren. Die Soße mit Soßenbinder andicken und mit Salz und Pfeffer abschmecken. (2 Stunden 30 Minuten)

Dieses Rezept ist für sechs Portionen berechnet und enthält: Eiweiß: 211 g, Fett: 339 g, Kohlenhydrate: 19 g, 4218 Kalorien, pro Portion ca. 700 Kalorien

Dazu: Kartoffeln und Bohnen

Gepökeltes Zwiebelfleisch

1 kg gepökelter Schweinenacken ohne Knochen (beim Fleischer vorbestellen),
50 ml Essig, 5 Zwiebeln,
1 Essl. Pfefferkörner,
1 Lorbeerblatt, 1/8 l Öl,
grob geschroteter Pfeffer.

Schweinenacken in eineinhalb Liter Wasser mit Essig, zwei Zwiebeln, Pfefferkörnern und Lorbeerblatt bei kleiner Hitze eine Stunde 30 Minuten kochen. In der Brühe abkühlen lassen. In hauchdünne Scheiben schneiden (das geht am besten mit einem Allesschneider) und auf einer großen Platte oder auf Portionstellern anrichten. Mit Öl beträufeln. Restliche Zwiebeln in feine Ringe schneiden. Auf das Fleisch geben. Mit Pfeffer bestreuen. (Ohne Wartezeit 1 Stunde 45 Minuten)

Dieses Rezept ist für acht Portionen berechnet und enthält: Eiweiß: 155 g, Fett: 327 g, Kohlenhydrate: 84 g, 3795 Kalorien, pro Portion ca. 475 Kalorien

Dazu: Roggenbrot und Laugenbrötchen

Eingemachtes Schweinefleisch

2,5 kg Schweinebauch
ohne Schwarte und Knochen,
etwa 40 g grobes Salz,
1/2 Teel. frisch gemahlener
Pfeffer,
3 Nelken, 1 Bund Petersilie,
2 Lorbeerblätter,
1 Bund Thymian,
100 g Schweineschmalz,
evtl. Schmalz zum Abdecken.

Fleisch würfeln, mit 200 ccm Wasser und allen Zutaten (bis auf Schmalz) in einen Topf füllen. Zugedeckt bei kleiner Hitze immer knapp unter dem Siedepunkt fünf Stunden gar ziehen lassen. Ab und zu umrühren, damit die Masse nicht ansetzt. Topf vom Feuer nehmen. Die Fleischwürfel zerdrücken. Gewürze und Knorpelstücke entfernen. Schmalz unterrühren, noch einmal aufkochen und in Einmachgläser füllen. Abkühlen lassen. Falls sich keine Schmalzschicht auf der Oberfläche gebildet hat, flüssiges Schmalz darübergeben und fest werden lassen. Hält sich in geschlossenen Gefäßen bis zu einem Monat im Kühlschrank. (Ohne Wartezeit 25 Minuten)

Dieses Rezept ist für vier Gläser à 500 g berechnet und enthält: Eiweiß: 293 g, Fett: 1150 g, Kohlenhydrate: 2 g, 12 209 Kalorien, pro Glas ca. 3050 Kalorien

Dazu: Weizen-Vollkornbrot

Schinkensülze

375 g gekochter Schinken,
1 Bund Suppengrün, Salz,
1/4 l Hühnerfond,
1/4 l Weisswein (ersatzweise Brühe oder Fond),
2 Essl. Essig, 2 Teel. Zucker,
frisch gemahlener Pfeffer,
8 Blatt weisse Gelatine,
1 Bund Schnittlauch,
1 Bund Dill.

Schinken in 1 cm große Würfel schneiden. Suppengrün in gleich große Würfel schneiden. Gemüsewürfel in siedendem Salzwasser zwei Minuten kochen. Abtropfen lassen. Fond mit Weißwein, Essig, Salz, Zucker und Pfeffer einweichen. Ausgedrückte Gelatine in drei Eßlöffel heißem Fond auflösen. Zum restlichen Fond geben. Schnittlauchröllchen, gehackten Dill, Schinkenwürfel und Gemüse vermischen. Etwas Gelierflüssigkeit in eine Kastenform (Inhalt 1,5 l) gießen und im Kühlschrank fest werden lassen. Schinken-Gemüse-Mischung in die Kastenform füllen und mit der restlichen Gelierflüssigkeit begießen. Über Nacht im Kühlschrank fest werden lassen. (Ohne Wartezeit 45 Minuten)

Dieses Rezept ist für acht Portionen berechnet und enthält: Eiweiß: 80 g, Fett: 77 g, Kohlenhydrate: 44 g, 1420 Kalorien, pro Portion ca. 180 Kalorien

Dazu: Bratkartoffeln und Remouladensosse

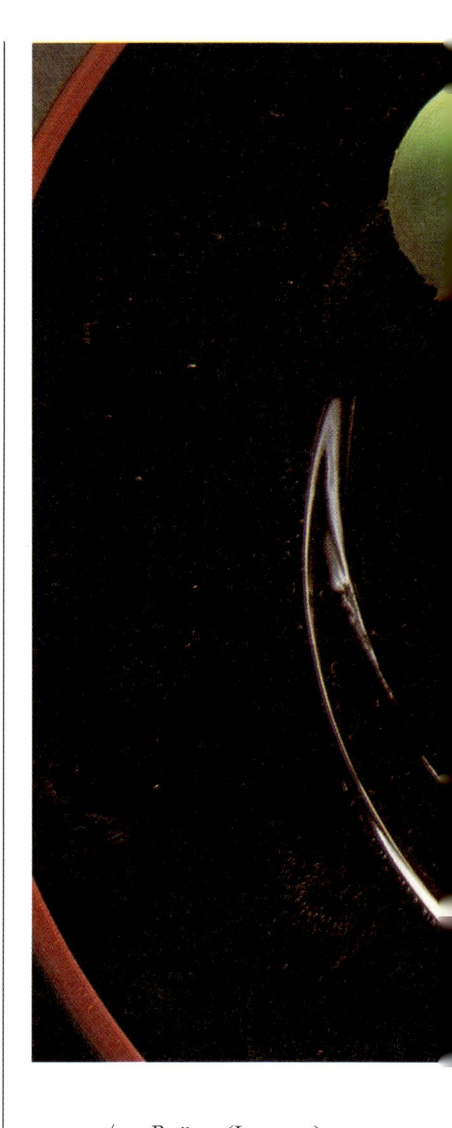

1/2 l Brühe (Instant),
1 Zitrone, Salz,
einige Spritzer Tabasco,
Zucker,
6 Blatt weisse Gelatine,
250 g gekochter Schinken im Stück,
2 kleine Avocados,
1 Bund Schnittlauch.

Schinkensülze mit Avocado

Brühe mit Zitronensaft, Salz, Tabasco und Zucker sehr kräftig abschmecken. Eingeweichte, ausgedrückte Gelatine in etwas heißer Brühe auflösen. Unter die restliche Brühe rühren. Vier Förmchen mit etwas Gelierflüssigkeit ausgießen. Fest werden lassen. Schinkenwürfel, eine Avocado in Spalten und Schnittlauch darauf verteilen. Mit restlicher Gelierflüssigkeit begießen. Über Nacht im Kühlschrank fest werden lassen. Sülze aus den Förmchen lösen und auf Teller stürzen. Aus der restlichen Avocado Kugeln ausstechen oder Würfel schneiden. Zu der Sülze servieren. (Ohne Wartezeit 20 Minuten)

Dieses Rezept ist für vier Portionen berechnet und enthält: Eiweiß: 70 g, Fett: 105 g, Kohlenhydrate: 18 g, 1349 Kalorien, pro Portion ca. 340 Kalorien

DAZU: BRATKARTOFFELN

Leberterrine

Überbackene Schinkenrollen

Leberterrine

500 g Leber (von Rind oder Schwein), 700 g Schweinenacken ohne Knochen, 150 g fetter Speck, 1 Brötchen, 1/2 Becher Schlagsahne (100 g), 2 Eier, Salz, frisch gemahlener Pfeffer, 1 Teel. getrockneter Majoran, Fett für die Form, 100 ml Madeira (ersatzweise Brühe), 2 Blatt weisse Gelatine.

150 Gramm Leber würfeln. Restliche Leber, Fleisch, Speck und eingeweichtes, ausgedrücktes Brötchen zweimal durch den Fleischwolf geben (oder im Mixer oder Blitzhacker pürieren). Sahne und Eier unterrühren. Die Fleischmasse mit Salz, Pfeffer und Majoran abschmecken. In eine gefettete Form (Inhalt etwa 1 Liter) füllen. Form mit Deckel oder Alufolie verschließen. In die mit heißem Wasser gefüllte Fettpfanne des Backofens stellen. Auf 200 Grad/Gas Stufe 3 schalten und eine Stunde 30 Minuten garen. In der Form abkühlen lassen. Madeira mit Salz und Pfeffer würzen und erhitzen. Eingeweichte, ausgedrückte Gelatine im Madeira auflösen. Über die Terrine gießen und fest werden lassen. (2 Stunden)

Dieses Rezept ist als Vorspeise für zehn Portionen berechnet und enthält: Eiweiß: 250 g, Fett: 395 g, Kohlenhydrate: 46 g, 4787 Kalorien, pro Portion ca. 480 Kalorien

Dazu: Baguette

Überbackene Schinkenrollen

75 g Suppennudeln (Faden, Sterne), Salz, 2 kleine grüne Paprikaschoten, 2 Zwiebeln, 20 g Butter oder Margarine, 1 Essl. grüne Pfefferkörner, 1 Becher Crème fraîche (150 g), 1 Zweig Estragon, 1 Ei, frisch gemahlener Pfeffer, 1 Essl. Edelsüss-Paprika, 4 Scheiben gekochter Schinken à etwa 75 g, 40 g Emmentaler Käse.

Nudeln in reichlich Salzwasser fünf Minuten kochen. Kalt abspülen und abtropfen lassen. Feine Paprikawürfel und feingewürfelte Zwiebeln in heißem Fett andünsten. Mit Nudeln und abgetropften Pfefferkörnern, Crème fraîche, Estragonblättchen und Ei verrühren. Mit Salz, Pfeffer und Paprika abschmecken. In vier Portionen teilen und jeweils eine Portion in eine Scheibe Schinken wickeln. Mit der Nahtseite nach unten in eine ofenfeste Form legen. Mit Käse bestreuen und in den Backofen schieben. Auf 250 Grad/Gas Stufe 5 schalten und 15 Minuten überbacken, bis der Käse braun ist. (30 Minuten)

Dieses Rezept ist für vier Portionen berechnet und enthält: Eiweiß: 95 g, Fett: 122 g, Kohlenhydrate: 76 g, 1964 Kalorien, pro Portion ca. 490 Kalorien

Dazu: Baguette

T-Bone-Steak mit gebackenen Kartoffeln

1 Essl. Honig, 4 Essl. Olivenöl,
1/2 Zitrone,
einige Spritzer Tabasco, Salz,
frisch gemahlener Pfeffer,
1 Teel. Rosmarinnadeln,
1 grosses T-Bone-Steak
(etwa 600 g),
4 mittelgrosse mehlige
Kartoffeln,
1 Becher Crème fraîche (200 g),
1 Zwiebel,
1 Bund Schnittlauch,
1 Bund Dill.

Honig mit zwei Eßlöffel Öl, einem Eßlöffel Zitronensaft, Tabasco, Salz, Pfeffer und grob gehacktem Rosmarin verrühren. Fleisch damit bestreichen und zugedeckt eine Stunde kalt stellen. Kartoffeln gründlich unter fließendem Wasser abspülen und in Alufolie wickeln. In den Backofen legen, auf 225 Grad/Gas Stufe 4 schalten und etwa eine Stunde backen. Crème fraîche mit Salz, Pfeffer, Zwiebelwürfeln, Schnittlauchröllchen, gehacktem Dill und dem restlichen Zitronensaft verrühren. Fleisch in restlichem heißen Fett von jeder Seite etwa fünf Minuten braten. Abgedeckt fünf Minuten ruhenlassen. Das Steak in Stücke schneiden und mit Kartoffeln und Kräutercreme servieren. (1 Stunde 10 Minuten)

Dieses Rezept ist für zwei Portionen berechnet und enthält: Eiweiß: 141 g, Fett: 163 g, Kohlenhydrate: 85 g, 2320 Kalorien, pro Portion ca. 1160 Kalorien

Dazu: Salat

Rumpsteak mit Paprikasoße

2 rote Paprikaschoten,
2 Schalotten, 40 g Butter,
2 Essl. Weisswein,
1/8 l Geflügelfond
(Glas, ersatzweise Brühe),
2 Rumpsteaks,
2 Essl. Öl, Salz,
frisch gemahlener Pfeffer,
1/2 Becher Crème fraîche (75 g),
1 Teel. Speisestärke,
Paprikapulver, 1 Prise Zucker,
2 Scheiben Toastbrot,
1 kleine Avocado.

Paprikaschoten entkernen, waschen und kleinschneiden. Schalottenwürfel in Butter andünsten, Paprika zugeben und drei Minuten anbraten. Wein und Geflügelfond zugießen und Paprikagemüse sechs Minuten dünsten. Mit dem Schneidstab des Handrührers oder im Mixer pürieren und eventuell durch ein Sieb streichen. Rumpsteaks in heißem Fett von jeder Seite etwa drei bis vier Minuten braten. Salzen und pfeffern. Crème fraîche und Speisestärke unter das Paprikapüree rühren und aufkochen lassen. Mit Paprika, Zucker, Salz und Pfeffer abschmecken. Rumpsteak auf Toast mit Avocadoscheiben anrichten und die Soße dazu servieren. (30 Minuten)

Dieses Rezept ist für zwei Portionen berechnet und enthält: Eiweiß: 60 g, Fett: 151 g, Kohlenhydrate: 60 g, 1740 Kalorien, pro Portion ca. 870 Kalorien

Rinderfilet mit Kapernsoße

350 g Rinderfilet,
100 g Butter, Salz,
frisch gemahlener Pfeffer,
2 Zwiebeln, 1 Knoblauchzehe,
1 Glas Kapern (Einwaage 30 g),
4 Essl. Sherry
(ersatzweise Traubensaft),
2 kleine Tomaten.

Rinderfilet für zehn Minuten in den Tiefkühler legen. Herausnehmen und in sehr feine Scheiben schneiden. In 40 Gramm heißer Butter von jeder Seite eine Minute anbraten. Sparsam salzen und pfeffern. Herausnehmen. Warm stellen. Zwiebelringe und zerdrückten Knoblauch in dem Bratfett goldgelb andünsten. Kapern und Sherry zugeben. Die restliche eiskalte Butter in Flöckchen nach und nach unterrühren. Soße mit Salz und Pfeffer abschmecken und sofort über das Fleisch geben. Mit Tomatenwürfeln bestreuen.
(20 Minuten)

Dieses Rezept ist für drei Portionen berechnet und enthält: Eiweiß: 70 g, Fett: 105 g, Kohlenhydrate: 275 g, 1270 Kalorien, pro Portion ca. 420 Kalorien

Dazu: gedünstete Zucchinischeiben und Baguette

Rinderfilet im Salzmantel

800 g Rinderfilet (Mittelstück),
1 Essl. Rosmarinnadeln,
1 Essl. getrockneter Thymian,
2 Essl. Honig,
2 Essl. körniger Senf,
10 Scheiben Frühstücksspeck (Bacon),
3 kg grobes Meersalz,
4 Eiweiss,
1/8 l Weisswein (ersatzweise Brühe).

Filet mit Rosmarin und Thymian einreiben. Honig mit Senf verrühren und das Fleisch damit bestreichen. Filet mit Speckscheiben umwickeln. Salz, Eiweiß und Wein vermischen. Auf eine mit Backtrennpapier ausgelegte Fettpfanne eine fingerdicke Salzschicht streichen. Fleisch darauflegen und mit dem restlichen Salz umhüllen. Salzmantel andrücken. In den Backofen schieben, auf 200 Grad/Gas Stufe 3 schalten und 50 Minuten braten. Zwischendurch mit Wasser beträufeln, damit die Salzkruste nicht platzt. Das Fleisch vor dem Anschneiden zehn Minuten ruhenlassen. (1 Stunde)

Dieses Rezept ist für fünf Portionen berechnet und enthält: Eiweiß: 179 g, Fett: 102 g, Kohlenhydrate: 30 g, 1820 Kalorien, pro Portion ca. 365 Kalorien

Dazu: Zuckerschoten und Kartoffelkroketten

Rinderfilet auf Fenchelgemüse

500 g Fenchel,
500 g Kartoffeln,
3 Eßl. Olivenöl, Salz,
gewürzter Pfeffer,
600 g Rinderfilet, 4 Tomaten,
1/4 l Weisswein
(ersatzweise Brühe),
1 Teel. Instant-Brühe,
1/2 Bund Basilikum.

Fenchel in Achtel schneiden. Kartoffeln schälen und in Scheiben schneiden. Beides in zwei Eßlöffel heißem Öl anbraten und in eine ofenfeste Form geben. Mit Salz und Pfeffer würzen. Fleisch mit Pfeffer und Salz einreiben und mit restlichem Öl beträufeln. Auf das Gemüse legen. Tomatenhälften und Wein zufügen. Im Backofen bei 225 Grad/Gas Stufe 4 45 Minuten backen. Das Gemüse mit Salz, Pfeffer und etwas Brühe abschmecken. Mit Basilikumblättchen bestreuen. (1 Stunde)

Dieses Rezept ist für vier Portionen berechnet und enthält: Eiweiß: 117 g, Fett: 59 g, Kohlenhydrate: 146 g, 1844 Kalorien, pro Portion ca. 460 Kalorien

Rinderfilet Wellington

20 g getrocknete Steinpilze,
1 kg Rinderfilet, Salz,
frisch gemahlener Pfeffer,
50 g Butter, 50 g Schalotten,
100 g roher Schinken,
250 g Champignons,
2 Essl. Crème fraîche,
1 Paket TK-Blätterteig (300 g),
1 Bund Petersilie, 1 Eigelb.

Pilze in einer halben Tasse kaltem Wasser einweichen. Fleisch salzen, pfeffern und in heißer Butter rundherum etwa fünf Minuten braten. Herausnehmen und abkühlen lassen. Schalottenwürfel im Bratfett glasig dünsten. Schinkenwürfel, Champignonscheiben und Pilze zufügen. In der offenen Pfanne dünsten, bis die Flüssigkeit verdampft ist. Crème fraîche unterrühren. Mit Salz und Pfeffer abschmecken. Angetauten Blätterteig übereinanderlegen und zu einem Rechteck von 30 x 40 cm ausrollen. Filet mit der Pilzmasse bestreichen und mit gehackter Petersilie bestreuen. In den Teig einschlagen. Die Seiten fest zusammendrükken. Die Teigoberfläche mehrmals einschneiden. Mit Teigresten verzieren. Teig mit Eigelb bestreichen. Filet auf ein Backblech legen. Mit Wasser besprenkeln und in den Backofen schieben. Auf 200 Grad/Gas Stufe 3 schalten und etwa 40 Minuten backen. (2 Stunden)

Dieses Rezept ist für sechs Portionen berechnet und enthält: Eiweiß: 214 g, Fett: 218 g, Kohlenhydrate: 119 g, 3360 Kalorien, pro Portion ca. 560 Kalorien

Dazu: grüner Salat

Mariniertes Roastbeef

Je 1 Eßl. Anissamen, Koriander- und Pfefferkörner, 3 Knoblauchzehen, 1/2 Bund Thymian, 2 Eßl. Senf, 1 Eßl. Tomatenmark, 1 Zitrone, 6 Eßl. Olivenöl, 1 kg Roastbeef, Salz.

Anis, Koriander- und Pfefferkörner im Mörser zerdrükken. Mit zerdrücktem Knoblauch, feingehacktem Thymian, Senf, Tomatenmark, Zitronensaft und Olivenöl verrühren. Fettschicht vom Fleisch kreuzweise einschneiden. Den Braten von beiden Seiten leicht salzen und dick mit der Würzpaste bestreichen. Zugedeckt über Nacht in den Kühlschrank stellen. Braten auf den Rost des Backofens (Fettpfanne darunter) legen. Backofen auf 225 Grad/Gas Stufe 4 schalten und 50 Minuten braten. Das Fleisch noch zehn Minuten im ausgeschalteten Backofen stehenlassen. (Ohne Wartezeit 1 Stunde)

Dieses Rezept ist für sechs Portionen berechnet und enthält: Eiweiß: 177 g, Fett: 251 g, Kohlenhydrate: 12 g, 3189 Kalorien, pro Portion ca. 530 Kalorien

Dazu: Kartoffelgratin und Tomatensalat

Entrecôte mit Burgunderzwiebeln

1 Entrecôte
(Zwischenrippe; 400 g),
frisch gemahlener Pfeffer,
4 Essl. Öl, Salz,
200 g rote Zwiebeln,
1/8 l Burgunder Rotwein,
2 Essl. Crème fraîche,
Zucker.

Den Fettrand vom Fleisch mehrmals einschneiden. Fleisch pfeffern und in heißem Öl von jeder Seite acht Minuten braten. Herausnehmen, salzen und in Alufolie einpacken. Zwiebelwürfel im Bratfett andünsten. Rotwein zugießen und bei großer Hitze auf die Hälfte der Flüssigkeitsmenge einkochen lassen. Crème fraîche unterrühren und mit Salz, Pfeffer und einer Prise Zucker abschmekken. Fleisch in Scheiben schneiden und mit den Zwiebeln servieren. (30 Minuten)

Dieses Rezept ist für zwei Portionen berechnet und enthält: Eiweiß: 85 g, Fett: 107 g, Kohlenhydrate: 13 g, 1457 Kalorien, pro Portion ca. 730 Kalorien

Dazu: Pommes frites

Roastbeef mit Fenchelmarinade

1 Essl. Fenchelsamen,
1 Stück Roastbeef (ca. 400 g),
1/8 l Olivenöl,
frisch gemahlener Pfeffer,
Salz.

Fenchelsamen im Mörser zerstoßen. Das Fleisch damit einreiben. Mit Öl begießen und zugedeckt mindestens sechs Stunden in den Kühlschrank stellen. Ab und zu wenden. Fleisch im Stück in einer Pfanne ohne Fett bei starker Hitze etwa vier Minuten anbraten. In Alufolie wickeln und in den Backofen schieben. Auf 200 Grad/Gas Stufe 3 schalten und 30 Minuten garen. Pfeffern und salzen. (Ohne Wartezeit 50 Minuten)

Dieses Rezept ist für zwei Portionen berechnet und enthält: Eiweiß: 107 g, Fett: 41 g, Kohlenhydrate: 9 g, 920 Kalorien, pro Portion ca. 460 Kalorien

Dazu: Folienkartoffeln und Salat

Italienische Riesenroulade

1 grosse Scheibe Rindfleisch (etwa 500 g, vom Fleischer für eine Riesenroulade zurechtschneiden lassen),
1 Zitrone, Salz,
frisch gemahlener Pfeffer,
2 Bund Petersilie,
1 Stiel Salbei,
75 g frisch geriebener Parmesankäse,
3 Essl. Olivenöl,
2 Knoblauchzehen, 2 Zwiebeln,
100 g Parmaschinken,
3 Essl. Öl,
1/4 l Weisswein (ersatzweise Brühe),
1 Dose Tomatenmark (70 g),
1/2 Becher Crème fraîche (75 g).

Fleisch auseinanderklappen und mit Zitronensaft beträufeln. Salzen und pfeffern. Gehackte Petersilie, Salbei, Parmesankäse, Olivenöl, zerdrückten Knoblauch und Zwiebelwürfel vermischen. Auf das Fleisch streichen. Mit Parmaschinken belegen. Das Fleisch aufrollen und mit Küchenband binden. In heißem Öl rundherum braun anbraten. Wein und Tomatenmark zufügen und zugedeckt eine Stunde 40 Minuten schmoren. Fleisch herausnehmen. Schmorsud offen um die Hälfte einkochen und mit Crème fraîche verrühren. Mit Salz und Pfeffer abschmecken.
(2 Stunden)

Dieses Rezept ist für fünf Portionen berechnet und enthält: Eiweiß: 159 g, Fett: 171 g, Kohlenhydrate: 31 g, 2527 Kalorien, pro Portion ca. 505 Kalorien

Dazu: Makkaroni

Hohe Rippe mit Paprikagemüse

1,5 kg Hochrippe, Salz,
frisch gemahlener Pfeffer,
40 g Butterschmalz,
1/4 l Gemüsesaft,
1/8 l Wermutwein
(ersatzweise Brühe),
1/2 Teel. Kreuzkümmel,
5 Paprikaschoten
(rote, gelbe und grüne),
250 g Zwiebeln.

Hochrippe waschen und trockentupfen. Mit Salz und Pfeffer einreiben. Rippe in einem großen Schmortopf in heißem Butterschmalz von allen Seiten braun anbraten. Saft und Wermut zugießen. Kreuzkümmel zufügen und im geschlossenen Topf eine Stunde bei mittlerer Hitze schmoren. Paprikaschoten halbieren, entkernen und in grobe Stücke schneiden. Zwiebelviertel und Paprika in den Schmortopf geben und weitere 30 Minuten schmoren. Gemüse und Schmorsud mit Salz und Pfeffer abschmecken. Fleisch herausnehmen und in Scheiben schneiden. Auf einer Platte anrichten und mit dem Gemüse umlegen. Soße über das Fleisch gießen. (1 Stunde 45 Minuten)

Dieses Rezept ist für sechs Portionen berechnet und enthält: Eiweiß: 295 g, Fett: 291 g, Kohlenhydrate: 61 g, 4340 Kalorien, pro Portion ca. 720 Kalorien

Dazu: Fladenbrot

Hochrippe mit Zwiebeln

1,5 kg Hochrippe, Salz,
frisch gemahlener Pfeffer,
1 Essl. Kümmel, 3 Essl. Öl,
500 g Zwiebeln,
1 Bund Suppengrün,
1/4 l Brühe (Instant),
1/2 Becher saure Sahne (100 g),
2 Teel. Mehl.

Hochrippe mit Salz, Pfeffer und Kümmel einreiben und in heißem Öl rundherum braun anbraten. Zwiebelviertel und kleingeschnittenes Suppengrün zugeben und kurz mit anbraten. Brühe zugießen und alles im geschlossenen Topf bei kleiner Hitze eine Stunde 15 Minuten schmoren. Fleisch herausnehmen und warm stellen. Saure Sahne mit Mehl verrühren und zum Gemüse geben. Aufkochen und mit Salz und Pfeffer abschmecken. Zur Hochrippe servieren. (1 Stunde 30 Minuten)

Dieses Rezept ist für fünf Portionen berechnet und enthält: Eiweiß: 236 g, Fett: 231 g, Kohlenhydrate: 76 g, 3632 Kalorien, pro Portion ca. 730 Kalorien

Dazu: Salzkartoffeln

Hohe Rippe mit Paprikagemüse

Hochrippe mit Zwiebeln

Rheinischer Sauerbraten

1/4 l Rotweinessig,
2 Lorbeerblätter,
je 1 Essl. Piment- und Pfefferkörner,
6 Wacholderbeeren,
3 Zwiebeln, 2 Möhren,
2 kg Rindfleisch zum Schmoren (z. B. aus der Keule),
Salz,
frisch gemahlener Pfeffer,
50 g Butterschmalz,
100 g durchwachsener Speck in dünnen Scheiben,
etwa 1/2 l Rotwein,
50 g Lebkuchen ohne Guss (ersatzweise Pumpernickel),
100 g Rosinen,
2 Essl. Johannisbeergelee,
40 g Mandelstifte.

Essig mit einem halben Liter Wasser, Lorbeerblättern, Piment- und Pfefferkörnern, Wacholderbeeren, Zwiebelringen und Möhrenscheiben aufkochen. Abkühlen lassen. Über das Fleisch gießen. Drei Tage stehenlassen. Fleisch herausnehmen und trockentupfen. Salzen, pfeffern und in heißem Fett anbraten. Einachtel Liter durchgesiebte Marinade zugießen. Den Braten mit Speckscheiben belegen und zugedeckt drei Stunden bei kleiner Hitze schmoren. Dabei nach und nach den Rotwein zugießen. Eine halbe Stunde vor Ende der Schmorzeit Lebkuchen und Rosinen zugeben. Das Fleisch herausnehmen. Sud mit Salz, Pfeffer und Gelee abschmecken. Mandeln unterrühren. (Ohne Wartezeit 3 Stunden 30 Minuten)

Dieses Rezept ist für acht Portionen berechnet und enthält: Eiweiß: 367 g, Fett: 224 g, Kohlenhydrate: 122 g, 4160 Kalorien, pro Portion ca. 520 Kalorien

Dazu: Kartoffelklösse

Rinderbraten mit Senfgemüse

750 g Rindfleisch zum Schmoren,
4 Essl. Öl, Salz,
frisch gemahlener Pfeffer,
1 Essl. Senfpulver,
1/8 l Rotwein
(ersatzweise Brühe),
4 Knoblauchzehen,
1 Gemüsezwiebel,
etwa 10 Salbeiblätter,
1 Glas Senffrüchte
(Einwaage 100 g),
1/8 l Rinderbrühe (Instant),
1/2 Becher Schlagsahne (100 g),
1–2 Teel. Senf.

Fleisch in heißem Öl rundherum braun anbraten. Salzen, pfeffern und mit Senfpulver bestreuen. Rotwein zugießen und im geschlossenen Topf eine Stunde schmoren. Knoblauch- und Zwiebelscheiben und Salbeiblätter zufügen und 30 Minuten weiterschmoren. Senffrüchte und Brühe zugeben. Noch 15 Minuten schmoren. Fleisch herausnehmen und in Scheiben schneiden. Sahne in den Schmorsud rühren und mit Salz, Pfeffer und Senf abschmecken. Die Soße zum Fleisch servieren.
(2 Stunden)

Dieses Rezept ist für fünf Portionen berechnet und enthält: Eiweiß: 127 g, Fett: 215 g, Kohlenhydrate: 30 g, 2952 Kalorien, pro Portion ca. 590 Kalorien

Dazu: Nudeln und Bohnensalat

Ochsenschwanz in Wein

3/8 l Weisswein,
3 Knoblauchzehen,
einige Pfefferkörner,
1 Zweig Rosmarin, 3 Zwiebeln,
1 Ochsenschwanz
(vom Fleischer in Stücke
teilen lassen),
2 Essl. Öl, Salz, 300 g Möhren,
1/2 Becher
Crème fraîche (100 g),
frisch gemahlener Pfeffer,
evtl. Weinbrand.

Wein mit zerdrücktem Knoblauch, Pfefferkörnern und Rosmarinnadeln mischen. Zwiebelringe und Ochsenschwanzstücke in eine große Schüssel geben. Mit der Marinade übergießen. Über Nacht zugedeckt kalt stellen. Fleischstücke aus der Marinade nehmen und mit Küchenkrepp trockentupfen. In heißem Öl kräftig anbraten. Salzen. Die Hälfte der Marinade nach und nach dazugießen und im geschlossenen Topf zwei Stunden 30 Minuten bei kleiner Hitze schmoren. Möhrenstifte zugeben und noch 20 Minuten weiterschmoren. Den Schmorsud mit Crème fraîche verrühren und aufkochen lassen. Mit Salz, Pfeffer und Weinbrand abschmecken. (Ohne Wartezeit 3 Stunden)

Dieses Rezept ist für drei Portionen berechnet und enthält: Eiweiß: 108 g, Fett: 112 g, Kohlenhydrate: 40 g, 1822 Kalorien, pro Portion ca. 610 Kalorien

Dazu: Kartoffeln

Geschmortes Rindfleisch mit Tomaten

1,2 kg Rindfleisch
aus der Blume,
4 Essl. Öl, 3 Knoblauchzehen,
1 Zitrone, 2 Zweige Rosmarin,
250 g schwarze Oliven,
1/8 l Rotwein
(ersatzweise Brühe),
Salz,
frisch gemahlener Pfeffer,
6 Tomaten.

Fleisch in große Stücke schneiden. Öl mit zerdrücktem Knoblauch, Zitronensaft und einem Eßlöffel gehackten Rosmarinnadeln verrühren. Fleisch damit vermischen und über Nacht kalt stellen. Fleisch, Oliven und Wein in eine ofenfeste Form geben und mit Salz und wenig Pfeffer würzen. Form mit Deckel oder Alufolie verschließen und in den Backofen schieben. Auf 200 Grad/Gas Stufe 3 schalten und eine Stunde 40 Minuten schmoren. Abgezogene Tomaten und restlichen Rosmarin zugeben. Im offenen Topf noch 30 Minuten weiterschmoren. (Ohne Wartezeit 2 Stunden 30 Minuten)

Dieses Rezept ist für sechs Portionen berechnet und enthält: Eiweiß: 261 g, Fett: 223 g, Kohlenhydrate: 25 g, 3245 Kalorien, pro Portion ca. 540 Kalorien

Dazu: Baguette

Hackbraten mit Radieschen

1 altbackenes Brötchen,
1 Bund Suppengrün,
500 g Rinderhackfleisch,
3 Eier, 2 Essl. Senf,
2 Essl. Tomatenmark,
je 1 Bund Petersilie und
Schnittlauch, Salz,
frisch gemahlener Pfeffer,
30 g Butter oder Margarine,
2 Bund Radieschen,
1 Becher Crème fraîche
mit Kräutern (150 g),
evtl. einige Zweige Petersilie.

Brötchen in Wasser einweichen. Geputztes Suppengrün im Blitzhacker oder mit einem Messer sehr fein hakken. Hackfleisch mit Eiern, Senf, Tomatenmark und ausgedrücktem Brötchen in einer Schüssel mischen. Suppengrün und feingehackte Kräuter zugeben und mit den Händen verkneten. Den Teig mit Salz und Pfeffer kräftig abschmecken und mit den Händen wie ein Brot formen. Fett in einer hohen Pfanne mit Deckel erhitzen, Hackbraten hineingeben und bei kleiner Hitze in der geschlossenen Pfanne eine Stunde 30 Minuten braten. Braten herausnehmen und warm stellen. Crème fraîche zum Bratensatz geben und aufkochen. Braten mit Soße, kleingeschnittenen Radieschen und Petersilienblättern servieren.
(1 Stunde 45 Minuten)

Dieses Rezept ist für fünf Portionen berechnet und enthält: Eiweiß: 135 g, Fett: 200 g, Kohlenhydrate: 67 g, 2862 Kalorien, pro Portion ca. 575 Kalorien

Dazu: Pellkartoffeln

3 Zwiebeln, 250 g Möhren,
1 kg Sauerkraut,
50 g Butter oder Margarine,
1/4 l Weisswein
(ersatzweise Brühe),
500 g Rinderhackfleisch,
4 Eier, 2 Essl. Senf, Salz,
frisch gemahlener Pfeffer,
1–2 Essl. Edelsüss-Paprika,
1 Becher Schmand (250 g),
1 Bund Dill.

Sauerkrautauflauf

Zwiebelwürfel, Möhrenscheiben und Sauerkraut in heißem Fett andünsten. Wein zugießen und 15 Minuten schmoren. Hackfleisch mit zwei Eiern und Senf verkneten. Mit Salz, Pfeffer und Paprika abschmecken. Sauerkraut abschmecken und in eine ofenfeste Form geben. Aus dem Hackfleischteig mit zwei Eßlöffeln Klöße formen und auf das Sauerkraut setzen. Form verschließen und in den Backofen schieben. Auf 200 Grad/Gas Stufe 3 schalten und 40 Minuten garen. Schmand mit restlichen Eiern verrühren. Mit Salz und Pfeffer würzen und über das Sauerkraut gießen. In der offenen Form noch etwa 15 Minuten stocken lassen. Mit feingehacktem Dill bestreuen.
(1 Stunde 10 Minuten)

Dieses Rezept ist für sechs Portionen berechnet und enthält: Eiweiß: 136 g, Fett: 230 g, Kohlenhydrate: 43 g, 3153 Kalorien, pro Portion ca. 525 Kalorien

Dazu: Salzkartoffeln

Hackfleischpfanne mit Gemüse

500 g Hackfleisch, 2 Essl. Öl,
1 Essl. Edelsüss-Paprika, Salz,
frisch gemahlener Pfeffer,
250 g Zwiebeln,
1 Staudensellerie,
1 Dose Tomatenmark (70 g),
1 Becher saure Sahne (220 g),
1/8 l Brühe (Instant),
1 Bund Petersilie.

Hackfleisch in heißem Öl krümelig braun anbraten. Mit Paprika, Salz und Pfeffer kräftig würzen. Aus der Pfanne nehmen. Zwiebelringe und Staudenselleriescheiben im Bratfett andünsten. Tomatenmark, saure Sahne, Brühe und Hackfleisch zugeben und einmal aufkochen. Petersilienblättchen unterrühren und das Gericht mit Salz, Pfeffer und Paprika kräftig abschmecken. (20 Minuten)

Dieses Rezept ist für vier Portionen berechnet und enthält: Eiweiß: 115 g, Fett: 146 g, Kohlenhydrate: 48 g, 1966 Kalorien, pro Portion ca. 490 Kalorien

Dazu: Reis

Fleischkuchen vom Blech

1 Stück Sellerie (100 g),
2 altbackene Brötchen,
300 g Zwiebeln,
750 g Rinderhackfleisch,
4 Eier, 1 Bund Petersilie,
1 Dose Tomatenmark (70 g),
1 Essl. Edelsüss-Paprika, Salz,
frisch gemahlener Pfeffer,
1 Essl. Senf,
Fett für das Blech,
500 g Zucchini, 500 g Tomaten,
1 Becher Joghurt (10 %),
1/2 Becher Schlagsahne (100 g).

Sellerie schälen und fein würfeln. Brötchen einweichen. Zwei Zwiebeln abziehen und würfeln. Hack mit einem Ei, Zwiebel- und Selleriewürfeln, ausgedrückten Brötchen, gehackter Petersilie, Tomatenmark und Paprika verkneten. Mit Salz, Pfeffer und Senf abschmecken. Auf einem gefetteten Backblech ausrollen. Restliche Zwiebeln abziehen und in Ringe schneiden. Gewaschene Zucchini und abgezogene Tomaten in Scheiben schneiden. Das Gemüse auf dem Hackfleisch verteilen. Blech in den Backofen schieben, auf 200 Grad/Gas Stufe 3 schalten und 20 Minuten backen. Restliche Eier mit Joghurt und Sahne verrühren. Mit Salz und Pfeffer würzen. Über das Gemüse gießen und noch 20 Minuten weiterbacken. (1 Stunde)

Dieses Rezept ist für zwölf Portionen berechnet und enthält: Eiweiß: 213 g, Fett: 215 g, Kohlenhydrate: 167 g, 4070 Kalorien, pro Portion ca. 340 Kalorien

Dazu: Kartoffelsalat

Vitello tonnato: Kalbfleisch mit Thunfischsoße

1/2 Bund Suppengrün,
1/4 l trockener Weisswein
(ersatzweise Wasser und
etwas Zitronensaft), Salz,
1 kg Kalbfleisch
(aus der Keule),
2 Eigelb, knapp 1/4 l Olivenöl,
1 Dose Thunfisch in Öl
(Einwaage 90 g),
4 Sardellenfilets,
1 Essl. Kapern, 1 Zitrone,
frisch gemahlener Pfeffer.

Suppengrün putzen, waschen und grob zerkleinern. Wein, einen Viertelliter Salzwasser und Suppengrün in einen Topf geben und aufkochen. Fleisch zufügen und bei mittlerer Hitze im geschlossenen Topf eine Stunde zehn Minuten gar ziehen lassen. Fleisch in der Brühe erkalten lassen. Eigelb in eine Schüssel geben. Öl unter ständigem Rühren mit den Quirlen des Handrührgerätes zugießen. Weiterrühren, bis eine hellgelbe, cremige Mayonnaise entsteht. Abgetropften Thunfisch, Sardellenfilets und fünf Eßlöffel Kalbsbrühe mischen und mit dem Schneidstab oder im Mixer fein pürieren. Das Püree und abgetropfte Kapern unter die Mayonnaise rühren. Mit etwas Zitronensaft und Pfeffer abschmecken. Fleisch aus der Brühe nehmen und in dünne Scheiben schneiden. Auf einer Platte anrichten und mit der Thunfischsoße überziehen. Mit Zitronenschnitzen garnieren. (Ohne Wartezeit 1 Stunde 45 Minuten)

Dieses Rezept ist als Vorspeise für acht Portionen berechnet und enthält: Eiweiß: 244 g, Fett: 148 g, Kohlenhydrate: 8 g, 2660 Kalorien, pro Portion ca. 330 Kalorien

Dazu: Baguette

Geschmorte Gurken mit Hackklößchen

300 g Rinderhackfleisch,
2 Essl. Semmelbrösel,
1 Ei, Salz, Edelsüss-Paprika,
frisch gemahlener Pfeffer,
1 kg Schmorgurken,
2 Zwiebeln,
40 g Butter oder Margarine,
1 Becher Crème fraîche (175 g),
1 Bund Dill.

Hackfleisch mit Semmelbrösel, Ei, Salz, Paprika und Pfeffer verkneten. Aus dem Teig kleine Klöße formen. Geschälte Gurken halbieren und die Kerne mit einem Teelöffel herauskratzen. Gurke in Stücke schneiden. Zwiebelwürfel in heißem Fett glasig dünsten. Gurken zugeben und fünf Minuten darin andünsten. Crème fraîche und Hackklößchen zugeben. Mit Salz und Pfeffer würzen. Im geschlossenen Topf bei kleiner Hitze 15 Minuten schmoren. Mit gehacktem Dill bestreuen. (30 Minuten)

Dieses Rezept ist für drei Portionen berechnet und enthält: Eiweiß: 78 g, Fett: 93 g, Kohlenhydrate: 39 g, 1668 Kalorien, pro Portion ca. 560 Kalorien

Dazu: Reis

Kalbsleber mit Sellerie und Salbei

300 g Staudensellerie,
200 g Möhren,
400 g Kalbsleber,
50 g durchwachsener Speck,
3 Essl. Olivenöl,
1/8 l Weisswein
(ersatzweise Brühe),
5 Salbeiblätter,
1 Dose Tomatenmark (70 g),
1/2 Becher Schlagsahne (125 g),
Salz,
frisch gemahlener Pfeffer,
1 Prise Zucker.

Sellerie und Möhren in feine Scheiben, Kalbsleber und Speck in feine Streifen schneiden. Speck in Öl bei kleiner Hitze anbraten. Herausnehmen. Leber zugeben und kurz und kräftig braun braten. Herausnehmen. Im Bratfett Gemüse anbraten, Wein und gehackte Salbeiblätter zugeben und in der geschlossenen Pfanne sechs Minuten dünsten. Speck und Leber zugeben, Tomatenmark und Sahne unterrühren und weitere vier Minuten dünsten. Mit Salz, Pfeffer und Zucker abschmecken.
(25 Minuten)

Dieses Rezept ist für drei Portionen berechnet und enthält: Eiweiß: 86 g, Fett: 101 g, Kohlenhydrate: 60 g, 1942 Kalorien, pro Portion ca. 650 Kalorien

Dazu: Reis

Kalbsgulasch mit Champignons

750 g mageres Kalbfleisch
(Keule, Hüfte),
2 Essl. Öl, Salz,
frisch gemahlener Pfeffer,
1/2 Teel. Thymian,
1 Essl. Mehl, 2 Zwiebeln,
2 Knoblauchzehen, 2 Tomaten,
1/8 l Brühe (Instant),
50 ml Weisswein
(ersatzweise Brühe),
1 Zitrone, 1 Lorbeerblatt,
1/2 Bund Petersilie,
500 g Champignons,
40 g Butter.

Fleischwürfel in einem Bräter in heißem Öl in zwei bis drei Portionen braun anbraten. Mit Salz, Pfeffer und Thymian würzen. Mit Mehl bestäuben. Zwiebelwürfel, zerdrückten Knoblauch und Tomatenstücke zum Fleisch geben und andünsten. Brühe und Wein zugießen. Zitronenschale, Lorbeerblatt und Petersilie zusammenbinden und auf das Fleisch legen. Im geschlossenen Bräter eine Stunde 20 Minuten schmoren. Inzwischen Champignons in Stücke schneiden und in heißer Butter fünf Minuten dünsten. Zum Gulasch geben. Gulasch mit Salz, Pfeffer und Zitronensaft würzen.
(1 Stunde 30 Minuten)

Dieses Rezept ist für fünf Portionen berechnet und enthält: Eiweiß: 140 g, Fett: 85 g, Kohlenhydrate: 34 g, 1485 Kalorien, pro Portion ca. 295 Kalorien

Dazu: Nudeln mit Kräutern

Kalbsleber mit Sellerie und Salbei

Kalbsgulasch mit Champignons

Lammkeule mit Pflaumenfüllung

1 Lammkeule (etwa 1,7 kg; vom Fleischer den Knochen auslösen lassen), Salz, frisch gemahlener Pfeffer, 150 g durchwachsener Speck in dünnen Scheiben, 2 Zwiebeln, 1 Zweig Rosmarin, 400 g Pflaumen, 1/4 l Rotwein, 1 Becher Schlagsahne (200 g), evtl. Soßenbinder (Instant), evtl. 2 Eßl. Pflaumenschnaps.

Lammkeule innen mit Salz und Pfeffer einreiben. 75 g Speck in feine Würfel schneiden und mit Zwiebelwürfeln und gehackten Rosmarinnadeln vermischen. Zehn Pflaumen entsteinen und kleinschneiden. Unter die Speckmischung geben. In die Lammkeule füllen und mit Holzspießchen zustecken. Lammkeule in einen Bräter legen und in den Backofen schieben. Ofen auf 175 Grad/ Gas Stufe 2 schalten und zwei Stunden braten. Nach und nach den Wein zugießen. Restliche Pflaumen entsteinen und mit je einer halben Scheibe Speck umwickeln. Zum Fleisch geben und noch 30 Minuten weiterbraten. Fleisch und Pflaumen auf einer Platte anrichten. Bratensud mit Sahne aufkochen und eventuell mit Soßenbinder andicken. Mit Salz, Pfeffer und eventuell Pflaumenschnaps abschmecken. Zum Fleisch geben. (2 Stunden 50 Minuten)

Dieses Rezept ist für sechs Portionen berechnet und enthält: Eiweiß: 332 g, Fett: 473 g, Kohlenhydrate: 95 g, 5972 Kalorien, pro Portion ca. 995 Kalorien

Dazu: Fladenbrot

Lammkeule mit Knoblauch

1 Lammkeule (etwa 2,5 kg),
6 Knoblauchzehen, Salz,
frisch gemahlener Pfeffer,
4 Essl. Olivenöl,
1 Teel. getrockneter Majoran,
1 kg Tomaten,
1/8 l trockener Weisswein,
1 Becher Crème fraîche (150 g),
evtl. Sossenbinder,
Edelsüss-Paprika.

Die Fettschicht der Lammkeule kreuzweise einschneiden. Drei Knoblauchzehen in Stifte schneiden und unter die Fettschicht schieben. Fleisch mit Salz und Pfeffer einreiben und auf ein Backblech legen. Mit Öl beträufeln und in den Backofen schieben. Auf 175 Grad/Gas Stufe 2 schalten und zwei Stunden 30 Minuten braten. Fleisch mit Majoran bestreuen. Tomaten und restliche Knoblauchzehen zum Fleisch geben und noch 30 Minuten weiterbraten. Fleisch und Tomaten warm stellen. Bratensaft entfetten, den Bratensaft mit einem Achtelliter heißem Wasser und dem Wein lösen. Durchsieben. Crème fraîche unterrühren. Soße eventuell mit Soßenbinder andicken. Mit Salz, Pfeffer und Paprika abschmecken. Zum Fleisch servieren.
(3 Stunden 20 Minuten)

Dieses Rezept ist für acht Portionen berechnet und enthält: Eiweiß: 391 g, Fett: 326 g, Kohlenhydrate: 50 g, 5514 Kalorien, pro Portion ca. 690 Kalorien

Dazu: Makkaroni

Gefüllter Lammrücken

1 Lammrücken (etwa 1,2 kg; vom Fleischer die Knochen auslösen lassen), Salz, frisch gemahlener Pfeffer, 125 g Blauschimmelkäse, 1/2 Bund Thymian, 1/2 Becher Schmand (125 g).

Fleisch salzen und pfeffern. Die Hälfte des zerbröckelten Käses und Thymianblättchen auf einem Rückenteil verteilen. Beide Teile aufeinanderlegen und mit Küchenband binden. Fleisch auf die Fettpfanne des Backofens legen. In den Backofen schieben, auf 200 Grad/Gas Stufe 3 schalten und eine Stunde braten. Einen Viertelliter Wasser zugießen und noch 15 Minuten weiterbraten. Fleisch herausnehmen und warm stellen. Restlichen Käse im Bratensud schmelzen. Schmand unterrühren. Die Soße mit wenig Salz und Pfeffer abschmecken und zum Fleisch reichen.
(1 Stunde 50 Minuten)

Dieses Rezept ist für sechs Portionen berechnet und enthält: Eiweiß: 212 g, Fett: 443 g, Kohlenhydrate: 7 g, 5012 Kalorien, pro Portion ca. 835 Kalorien

Dazu: Bohnen und Salzkartoffeln

4 Knoblauchzehen, 1 Teel. Fenchelsamen, Salz, 4 Essl. Olivenöl, Tabasco, 1 Zweig Salbei, 1 Lammrücken (etwa 1,3 kg), 500 g Zwiebeln, 1/4 l Rotwein, 1/8 l Rinderfond, 100 g schwarze Oliven, 1 Dose Tomatenmark (140 g), frisch gemahlener Pfeffer, Zucker.

Lammrücken mit Oliven-Rotweinsoße

Feingehackten Knoblauch mit zerstoßenen Fenchelsamen, Salz, zwei Eßlöffel Öl, Tabasco und feingehackten Salbeiblättern verrühren. Fettschicht vom Fleisch kreuzweise einritzen und mit der Gewürzmischung einreiben. Fleisch und geviertelte Zwiebeln in einen Bräter geben. Mit restlichem Olivenöl beträufeln und in den Backofen schieben. Auf 200 Grad/ Gas Stufe 3 schalten und 45 Minuten braten. Den Rotwein zugießen und noch 30 Minuten weiterbraten. Braten im ausgeschalteten Ofen warm halten. Bratensud durch ein Sieb gießen. Rinderfond, geviertelte Oliven und Tomatenmark zugeben und offen etwas einkochen. Soße mit Salz, Pfeffer und einer Prise Zucker kräftig abschmecken und zum Fleisch servieren.
(1 Stunde 30 Minuten)

Dieses Rezept ist für fünf Portionen berechnet und enthält: Eiweiß: 155 g, Fett: 248 g, Kohlenhydrate: 104 g, 3062 Kalorien, pro Portion ca. 610 Kalorien

DAZU: BOHNENGEMÜSE UND KARTOFFELN

Gefüllter Lammrollbraten mit Pilzen

1 Markknochen, 2 Zwiebeln,
30 g Butter oder Margarine,
50 g Reis, 1/4 l Brühe,
100 g Champignons,
1 Bund Petersilie,
1/2 Bund Majoran, Salz,
frisch gemahlener Pfeffer,
1,2 kg Lammrollbraten,
3 Essl. Öl, 500 g Möhren,
1/2 Becher
Crème fraîche (100 g),
2–3 Essl. Weisswein
(ersatzweise Brühe).

Mark aus dem Knochen lösen. Zwiebelwürfel in heißem Fett andünsten. Reis, kleingehacktes Mark und die Hälfte der Brühe zugeben. Im geschlossenen Topf 20 Minuten garen. Kleingeschnittene Champignons und gehackte Kräuter unter den Reis mischen, mit Salz und Pfeffer abschmecken. Braten auseinanderrollen und rundherum mit Salz und Pfeffer einreiben. Mit der Reisfüllung bestreichen, zusammenrollen und mit Küchenband binden. In heißem Öl rundherum braun anbraten. Restliche Brühe zugießen, bei mittlerer Hitze im geschlossenen Topf eine Stunde schmoren. Möhren zugeben und weitere 30 Minuten schmoren. Fleisch und Möhren herausnehmen, warm stellen. Schmorsud entfetten, mit Crème fraîche aufkochen und mit Salz, Pfeffer und Wein abschmecken. Mit Fleisch und Möhren anrichten. (2 Stunden)

Dieses Rezept ist für sechs Portionen berechnet und enthält: Eiweiß: 224 g, Fett: 296 g, Kohlenhydrate: 84 g, 4144 Kalorien, pro Portion ca. 690 Kalorien

Dazu: Salzkartoffeln

Lammkeule mit Porreegemüse

2 Stangen Porree,
2 Scheiben Lammkeule
à etwa 200 g,
3 Essl. Öl, Salz,
frisch gemahlener Pfeffer,
1/8 l Brühe (Instant),
1 Zitrone, Zucker.

Porree in hauchdünne Ringe schneiden. Fleisch in heißem Öl von jeder Seite zwei Minuten braten. Salzen, pfeffern, aus der Pfanne nehmen und warm stellen. Porreeringe im Bratfett bei großer Hitze zwei Minuten dünsten. Mit Salz und Pfeffer würzen und ebenfalls warm stellen. Brühe und zwei Eßlöffel Zitronensaft in die Pfanne geben und bei großer Hitze auf die Hälfte einkochen lassen. Mit Salz, Pfeffer und einer Prise Zucker abschmekken und mit dem Porreegemüse zum Fleisch servieren. Mit Zitronenscheiben garnieren. (15 Minuten)

Dieses Rezept ist für zwei Portionen berechnet und enthält: Eiweiß: 55 g, Fett: 105 g, Kohlenhydrate: 28 g, 1338 Kalorien, pro Portion ca. 670 Kalorien

Dazu: Reis

Weizenrisotto mit Lammsteaks

vollwertig

200 g Weizen, 20 g Butter,
400 ml Gemüsebrühe,
1 Teel. italienische
Kräutermischung,
1/2 Kopf Wirsingkohl
(etwa 250 g),
200 g Champignons,
2 Knoblauchzehen,
2 Tomaten,
2 Essl. Crème fraîche, Salz,
frisch gemahlener Pfeffer,
4 kleine Lammkeulensteaks
à etwa 140 g,
2 Essl. Öl.

Weizen über Nacht in kaltem Wasser einweichen. Gründlich abspülen und auf einem Sieb abtropfen lassen. Weizen in heißer Butter andünsten. Gemüsebrühe und Kräutermischung verrühren, zugießen und zugedeckt 40 Minuten garen. Kohlstreifen, Pilzviertel und zerdrückten Knoblauch zufügen und weitere 20 Minuten dünsten. Die letzten fünf Minuten Tomatenviertel zugeben. Mit Crème fraîche, wenig Salz und Pfeffer abschmecken. Lammsteaks salzen und pfeffern und in heißem Öl von jeder Seite drei Minuten braten. (Ohne Wartezeit 1 Stunde 10 Minuten)

Dieses Rezept ist für vier Portionen berechnet und enthält: Eiweiß: 136 g, Fett: 172 g, Kohlenhydrate: 149 g, 2723 Kalorien, pro Portion ca. 680 Kalorien

Lammbeinscheiben mit Zucchini

1,2 kg Beinscheiben, Salz, frisch gemahlener Pfeffer, 3 Essl. Öl, 1 Zweig Rosmarin (ersatzweise 1 Teel. getrockneter), 3 Zwiebeln, 2 Knoblauchzehen, 1 kleine Dose Tomaten (400 g), 50 ml Weisswein (ersatzweise Brühe), 250 g Zucchini.

Beinscheiben salzen, pfeffern und in heißem Öl anbraten. Rosmarinnadeln, Zwiebelwürfel und zerdrückte Knoblauchzehen zufügen und andünsten. Tomaten mit der Flüssigkeit und Wein zufügen. Im geschlossenen Topf 50 Minuten schmoren. Zucchinischeiben zufügen und noch zehn Minuten weiterschmoren. Gericht mit Salz und Pfeffer abschmekken. (1 Stunde 10 Minuten)

Dieses Rezept ist für vier Portionen berechnet und enthält: Eiweiß: 149 g, Fett: 236 g, Kohlenhydrate: 111 g, 2910 Kalorien, pro Portion ca. 725 Kalorien

Dazu: Weissbrot

Lammfilet mit Pfeffersoße

250 g Rosenkohl, Salz,
4 Lammfilets à 70 g,
frisch gemahlener Pfeffer,
30 g Butterschmalz,
2 Schalotten,
100 ml Hühnerbrühe (Instant),
5 Essl. Schlagsahne,
1 Essl. grüne Pfefferpaste
(ersatzweise 1 Teel.
zerdrückte grüne
Pfefferkörner),
30 g Butter, Muskat.

Vom Rosenkohl die äußeren Blätter entfernen. Dann den Strunk keilförmig herausschneiden, so daß die Blätter auseinanderfallen. Das Innere vom Rosenkohl anderweitig verwerten. Rosenkohlblätter in siedendem Salzwasser ein bis zwei Minuten kochen. Herausnehmen und kurz in Eiswasser tauchen. Lammfilets salzen, pfeffern und in heißem Butterschmalz von beiden Seiten in etwa vier Minuten braun braten. Herausnehmen und warm stellen. Schalotten fein würfeln und im Bratfett kurz anbraten. Brühe, Sahne und Pfefferpaste zugeben. Soße cremig einkochen lassen. Inzwischen Butter zerlassen und die abgetropften Rosenkohlblätter darin erhitzen. Mit Salz, Pfeffer und Muskat abschmecken. (40 Minuten)

Dieses Rezept ist für zwei Portionen berechnet und enthält: Eiweiß: 69 g, Fett: 82 g, Kohlenhydrate: 25 g, 1119 Kalorien, pro Portion ca. 560 Kalorien

Dazu: Bratkartoffeln

Lammkoteletts in Kräuterhülle

vollwertig

2 Essl. Roggenschrot,
Kräutersalz,
frisch gemahlener Pfeffer,
1 Ei,
1/2 Bund glatte Petersilie,
1/2 Bund Oregano,
3 doppelte Lammkoteletts
à 140 g,
30 g Butterschmalz.

Roggenschrot mit Salz und Pfeffer vermischen. Ei mit gehackter Petersilie und Oreganoblättchen verquirlen. Koteletts erst in verquirltem Ei, dann in Roggenschrot wenden. In heißem Butterschmalz von jeder Seite vier Minuten braten.
(15 Minuten)

Dieses Rezept ist für drei Portionen berechnet und enthält: Eiweiß: 73 g, Fett: 171 g, Kohlenhydrate: 3 g, 1905 Kalorien, pro Portion ca. 635 Kalorien

Dazu: Gurkensalat

Lammfilet mit Pfeffersoße

Lammkoteletts in Kräuterhülle

Lammfrikadelle auf Kohlgemüse

vollwertig

500 g Lammhackfleisch,
1 Zwiebel,
2 Essl. Semmelbrösel,
1 Ei, 1 Bund Petersilie,
1 Zitrone, Salz,
frisch gemahlener Pfeffer,
50 g Butterschmalz,
500 g Weisskohl,
250 g Möhren.

Lammhack mit Zwiebelwürfeln, Semmelbröseln, Ei, gehackter Petersilie (etwas für den Kohl zurücklassen) und geriebener Zitronenschale zu einem Teig verarbeiten. Mit Salz und Pfeffer würzen. Aus dem Teig zehn Frikadellen formen. In heißem Butterschmalz von jeder Seite etwa fünf Minuten braten. Warm stellen. Kohl- und Möhrenstreifen in dem Bratfett andünsten. Zitronensaft zufügen und alles in der geschlossenen Pfanne 15 Minuten schmoren. Mit Salz und Pfeffer abschmecken. Restliche Petersilie darüberstreuen. Die Frikadellen auf dem Gemüse servieren.
(40 Minuten)

Dieses Rezept ist für vier Portionen berechnet und enthält: Eiweiß: 152 g, Fett: 217 g, Kohlenhydrate: 50 g, 2811 Kalorien, pro Portion ca. 700 Kalorien

Dazu: Fladenbrot

Wirsingrollen mit Lammfleisch

250 G LAMMFLEISCH OHNE KNOCHEN,
2 ZWIEBELN,
2 KNOBLAUCHZEHEN,
3 ESSL. OLIVENÖL,
1/2 ESSL. OREGANO, SALZ,
FRISCH GEMAHLENER PFEFFER,
1 KLEINER WIRSINGKOHL,
1 ROTE PAPRIKASCHOTE,
1 PAKET PASSIERTE TOMATEN (500 G),
30 G BUTTER ODER MARGARINE,
1 TEEL. INSTANT-BRÜHE,
1 PRISE ZUCKER,
1/2 TEEL. MUSKAT.

Fleischstreifen mit Zwiebeln, zerdrücktem Knoblauch, Olivenöl, Oregano, Salz, Pfeffer vermischen und eine Stunde im Kühlschrank stehenlassen. Vom Wirsingkohl sechs Blätter ablösen. (Restlichen Kohl anderweitig verwenden.) In sprudelndem Salzwasser zwei Minuten kochen. Fleisch anbraten. Feingewürfelte Paprikaschote zufügen. Weiterbraten, bis die Flüssigkeit verdampft ist. Auf die Wirsingblätter geben und aufrollen. Mit Holzspießchen feststecken. Tomaten in heißem Fett andünsten. Mit Brühe, Salz, Pfeffer und einer Prise Zucker und Muskat abschmecken. Wirsingrollen hineinlegen und in der geschlossenen Pfanne 20 Minuten schmoren. (Ohne Wartezeit 40 Minuten)

Dieses Rezept ist für drei Portionen berechnet und enthält: Eiweiß: 51 g, Fett: 128 g, Kohlenhydrate: 51 g, 1643 Kalorien, pro Portion ca. 550 Kalorien

DAZU: SALZKARTOFFELN

Lammeintopf mit Steckrüben

750 g Lammschulter
ohne Knochen,
3 Essl. Öl, Salz,
frisch gemahlener Pfeffer,
2 Zwiebeln,
2 Knoblauchzehen,
1 kleiner Zweig Rosmarin,
1/2 l Brühe (Instant),
700 g Möhren,
1 kleine Steckrübe
(etwa 600 g),
1/2 Zitrone, Zucker,
1 Bund Petersilie.

Fleisch würfeln und in heißem Öl braun anbraten. Salzen und pfeffern. Zwiebelwürfel, zerdrückten Knoblauch, Rosmarinnadeln und Brühe zufügen. Etwa zehn Minuten schmoren. Möhren in Scheiben und Steckrüben in Stifte zum Fleisch geben. Salzen, pfeffern und alles im geschlossenen Topf bei kleiner Hitze weitere 40 Minuten schmoren. Den Eintopf mit Salz, Pfeffer, Zitronensaft und einer Prise Zucker kräftig abschmecken. Mit Petersilienblättchen bestreut servieren. (1 Stunde)

Dieses Rezept ist für vier Portionen berechnet und enthält: Eiweiß: 153 g, Fett: 161 g, Kohlenhydrate: 106 g, 2530 Kalorien, pro Portion ca. 630 Kalorien

Dazu: Baguette

600 g Lammfleisch
ohne Fett und Knochen,
Salz,
frisch gemahlener Pfeffer,
1 Essl. Edelsüss-Paprika,
3 Essl. Öl, 2 grosse Zwiebeln,
500 g Spinat, 1 1/2 Zitronen.

Lammgeschnetzeltes mit Spinat

Lammfleisch in feine Streifen schneiden. Mit Salz, Pfeffer und Edelsüß-Paprika bestreuen. In zwei Portionen in heißem Öl braun braten. Herausnehmen. Zwiebelringe andünsten. Spinat in reichlich Salzwasser zwei Minuten sprudelnd kochen lassen. Abgetropft zu den Zwiebeln geben. Lammfleisch unterheben und das Gericht mit Salz, Pfeffer und Zitronensaft abschmecken. Mit Zitronenschnitzen garniert servieren. (30 Minuten)

Dieses Rezept ist für vier Portionen berechnet und enthält: Eiweiß: 136 g, Fett: 57 g, Kohlenhydrate: 31 g, 1182 Kalorien, pro Portion ca. 300 Kalorien

DAZU: REIS

Lamm-Pie mit Roggenkruste

vollwertig

90 g Weizen, 60 g Roggen,
50 g Butter oder Margarine,
Salz, 2 Essl. Öl,
1 Essl. Sojasosse,
1 Knoblauchzehe,
1/2 Bund Thymian,
500 g Lammfleisch
aus der Keule,
500 g Spinat, 1 Zwiebel,
frisch gemahlener Pfeffer,
150 g Schafkäse.

Getreide fein mahlen. Fett und Salz in 100 ccm Wasser zum Kochen bringen. Von der Kochplatte nehmen und das Mehl mit den Knethaken des Handrührers einrühren. Den Teig zugedeckt 30 Minuten ruhenlassen. Einen Eßlöffel Öl, Sojasoße, zerdrückten Knoblauch und abgezupften Thymian verrühren. Fleischstreifen darin fünf Minuten ziehen lassen. Spinat tropfnaß bei großer Hitze in einer Pfanne zusammenfallen lassen. Zwiebelwürfel in restlichem Öl glasig dünsten. Lammfleisch mit der Marinade dazugeben und unter Rühren zehn Minuten anbraten. Salzen und pfeffern. Fleisch, Spinat und Käsewürfel mischen und in eine flache Gratinform füllen. Teig dünn ausrollen und die Form damit abdecken. Mit einer Gabel mehrmals einstechen. Im Backofen bei 200 Grad/Gas Stufe 3 etwa 50 Minuten backen.
(1 Stunde 40 Minuten)

Dieses Rezept ist für vier Portionen berechnet und enthält: Eiweiß: 141 g, Fett: 117 g, Kohlenhydrate: 433 g, 2900 Kalorien, pro Portion ca. 720 Kalorien

Kartoffeln und Lamm in der Pfanne

vollwertig

1,5 kg kleine neue Kartoffeln,
3 Bund Lauchzwiebeln,
600 g Lammschulter
ohne Knochen,
1/8 l Olivenöl,
40 g Butter, Salz,
frisch gemahlener Pfeffer,
1 Zitrone, 200 ml Weisswein
(ersatzweise Brühe),
1 Zweig Rosmarin.

Kartoffeln gründlich waschen und bürsten. Zwiebeln in Ringe schneiden. Ein Viertel davon zur Seite stellen. Fleisch in gleich große Würfel schneiden. Öl und Butter in einem Bräter erhitzen. Fleisch von allen Seiten braun anbraten. Mit Salz, Pfeffer und Zitronensaft würzen. Zwiebeln, Kartoffeln und Rosmarinnadeln zugeben. Weißwein zugießen. In den Backofen schieben. Auf 200 Grad/Gas Stufe 3 schalten und etwa eine Stunde schmoren. Dabei das Fleisch und die Kartoffeln ab und zu mit dem Schmorsud begießen. Mit den restlichen Zwiebeln bestreut servieren.
(1 Stunde 15 Minuten)

Dieses Rezept ist für sechs Portionen berechnet und enthält: Eiweiß: 155 g, Fett: 178 g, Kohlenhydrate: 705 g, 3370 Kalorien, pro Portion ca. 560 Kalorien

Lamm-Pilaw

500 g Lammschulter
ohne Knochen,
2 Essl. Öl, 200 g Zwiebeln,
2 Knoblauchzehen, Salz,
1/2 Teel. Edelsüss-Paprika,
100 ml Weisswein
(ersatzweise Brühe),
125 g Naturreis,
1 Dose Tomatenmark (70 g),
3/8 l Gemüsesaft,
je 1 grüne und rote
Paprikaschote,
1 Stück Sellerie (etwa 100 g),
1 Teel. Rosmarinnadeln.

Gewürfeltes Lammfleisch in heißem Öl anbraten. Zwiebelwürfel, zerdrückten Knoblauch, Salz, Paprika und Wein zugeben. Im geschlossenen Topf 30 Minuten schmoren. Reis, Tomatenmark und Gemüsesaft zugeben und weitere 30 Minuten schmoren. Paprikawürfel, geraspelten Sellerie und gehackten Rosmarin zugeben und noch 20 Minuten weiterschmoren. Pilaw mit Salz und Paprika abschmekken. (1 Stunde 30 Minuten)

Dieses Rezept ist für drei Portionen berechnet und enthält: Eiweiß: 111 g, Fett: 119 g, Kohlenhydrate: 154 g, 2209 Kalorien, pro Portion ca. 740 Kalorien

Kaninchenrücken mit Champignons und Oliven

1 küchenfertiger Kaninchenrücken (etwa 600 g),
Salz,
frisch gemahlener Pfeffer,
3 Essl. Öl, 2 Zwiebeln,
1/8 l Weisswein
(ersatzweise Brühe),
200 g Champignons,
50 g mit Paprika gefüllte Oliven,
1/2 Bund Petersilie.

Kaninchenrücken in zwei gleich große Stücke schneiden. Mit Salz und Pfeffer einreiben. Fleisch in heißem Öl rundherum braun anbraten. Zwiebelachtel zugeben und kurz mit anbraten. Wein zugießen und alles im geschlossenen Topf bei kleiner Hitze 40 Minuten schmoren. Halbierte Champignons und halbierte Oliven zugeben und noch 15 Minuten weiterschmoren. Mit Salz und Pfeffer abschmecken und mit gehackter Petersilie bestreuen. (1 Stunde)

Dieses Rezept ist für zwei Portionen berechnet und enthält: Eiweiß: 131 g, Fett: 92 g, Kohlenhydrate: 16 g, 1561 Kalorien, pro Portion ca. 780 Kalorien

Dazu: Knoblauchbaguette

Kaninchen in Pflaumenschnaps

1 KÜCHENFERTIGES KANINCHEN (ETWA 2 KG), SALZ, FRISCH GEMAHLENER PFEFFER, 100 ML PFLAUMENSCHNAPS, 250 G ZWIEBELN, 250 G TOMATEN, 4 ESSL. OLIVENÖL, 1/2 BUND MAJORAN.

Kaninchen in acht Teile zerlegen. Salzen, pfeffern und mit Pflaumenschnaps begießen. Zugedeckt etwa eine Stunde kalt stellen. Kaninchenteile, Zwiebelringe und abgezogene Tomaten in eine ofenfeste Form geben. Mit Olivenöl beträufeln und mit Majoranblättchen bestreuen. Form mit Deckel oder Alufolie verschließen und in den Backofen schieben. Auf 200 Grad/Gas Stufe 3 schalten und 45 Minuten schmoren. Form öffnen und noch 45 Minuten weitergaren.

(Ohne Wartezeit 1 Stunde 45 Minuten)

Dieses Rezept ist für vier Portionen berechnet und enthält: Eiweiß: 333 g, Fett: 194 g, Kohlenhydrate: 30 g, 3417 Kalorien, pro Portion ca. 850 Kalorien

DAZU: STANGENWEISSBROT

Kaninchen-Terrine

1 kg Kaninchenfleisch ohne Haut und Knochen,
3/8 l trockener Sherry (ersatzweise Apfelsaft),
20 g getrocknete Steinpilze,
500 g Bratwurstbrät,
60 g Butter,
1 Becher Crème fraîche (150 g),
2 Knoblauchzehen,
5 Wacholderbeeren, 1 Ei, Salz,
frisch gemahlener Pfeffer,
etwa 10 Scheiben fetter Speck.

Kaninchenfleisch mit einem Viertelliter Sherry begießen und über Nacht stehenlassen. Pilze im restlichen Sherry einweichen. Fleisch abtropfen lassen (Marinade aufheben) und die Hälfte im Blitzhacker zerkleinern. Mit dem Brät vermischen. Restliches Fleisch würfeln und in heißer Butter anbraten. Marinade zugießen und offen weitergaren, bis sie verdampft ist. Abgetropfte Pilze, Crème fraîche, zerdrückten Knoblauch, zerdrückte Wacholderbeeren und das Ei zufügen. Kräftig salzen und pfeffern. Fleischwürfel unterrühren. Eine Kastenform (Länge ca. 30 cm) mit Speck auslegen. Fleisch einfüllen. Mit Speck abdecken. Form mit Alufolie verschließen. Fettpfanne mit heißem Wasser füllen und Form hineinstellen. In den Backofen schieben, auf 200 Grad/Gas Stufe 3 schalten und eine Stunde 30 Minuten garen. Abgekühlt in Scheiben schneiden. (Ohne Wartezeit 2 Stunden)

Dieses Rezept ist für zehn Portionen berechnet und enthält: Eiweiß: 290 g, Fett: 418 g, Kohlenhydrate: 30 g, 5857 Kalorien, pro Portion ca. 590 Kalorien

Dazu: Salat und Brot

Kaninchentopf mit Kartoffeln und grünen Bohnen

1 küchenfertiges Kaninchen (etwa 1,7 kg), Salz, frisch gemahlener Pfeffer, 3 Essl. Öl, 1 Zwiebel, 1 kleine Dose Tomaten (400 g), 750 g Kartoffeln, 500 g Bohnen, 1/2 Bund Bohnenkraut, 1 Becher Joghurt (10 %), 1 Bund glatte Petersilie.

Kaninchen in acht Teile zerlegen und mit Salz und Pfeffer einreiben. Das Fleisch rundherum in heißem Öl hellbraun anbraten. Zwiebelwürfel und Tomaten mit Flüssigkeit zugeben und im geschlossenen Topf bei kleiner Hitze eine Stunde schmoren. Geschälte, halbierte Kartoffeln, halbierte Bohnen und Bohnenkraut zugeben und noch weitere 30 Minuten schmoren. Bohnenkraut entfernen. Kaninchen mit Salz und Pfeffer abschmecken. Joghurt mit gehackter Petersilie verrühren und mit Salz und Pfeffer kräftig abschmecken. Zum Kaninchentopf servieren.
(1 Stunde 45 Minuten)

Dieses Rezept ist für fünf Portionen berechnet und enthält: Eiweiß: 319 g, Fett: 154 g, Kohlenhydrate: 170 g, 3599 Kalorien, pro Portion ca. 720 Kalorien

Senf-Kaninchen

3–4 Essl. mittelscharfer Senf, 1 Teel. getrocknetes Bohnenkraut, 1 küchenfertiges Kaninchen (etwa 1,2 kg), Salz, frisch gemahlener Pfeffer, 200 g Zwiebeln, gut 1/8 l Brühe (Instant), 500 g Möhren, 30 g Butter, 1/2 Becher flüssige saure Sahne (100 g), 2 Teel. Mehl.

Drei Eßlöffel Senf mit Bohnenkraut verrühren. Kaninchen in sechs Teile zerlegen, mit Salz und Pfeffer einreiben und mit der Senfmischung bestreichen. Mindestens eine Stunde zugedeckt durchziehen lassen. Kaninchen mit halbierten Zwiebeln und Brühe in einen Bräter geben. Topf schließen und in den Ofen schieben. Auf 200 Grad/Gas Stufe 3 schalten und eine Stunde schmoren. Fleisch anheben, Möhren in Stücken unten in den Bräter geben. Fleisch darauflegen und mit Butterflöckchen belegen. Den Ofen auf 250 Grad/Gas Stufe 5 schalten und weitere 30 Minuten im offenen Topf braten. Fleisch herausnehmen und warm stellen. Sahne mit Mehl verrühren, zum Gemüse geben und eine Minute kochen. Mit Salz, Pfeffer und Senf abschmecken. Zum Fleisch servieren.
(Ohne Wartezeit 1 Stunde 45 Minuten)

Dieses Rezept ist für vier Portionen berechnet und enthält: Eiweiß: 224 g, Fett: 140 g, Kohlenhydrate: 64 g, 2566 Kalorien, pro Portion ca. 640 Kalorien

Dazu: Röstkartoffeln

Kaninchentopf mit Kartoffeln und grünen Bohnen

Senf-Kaninchen

FISCH

Auch Menschen, die Fisch nicht sonderlich mögen, werden hier Gerichte finden, die ihren Geschmack treffen. Und wenn's die Garnelenrezepte ab Seite 202 sind … Auf Fisch sollte nämlich niemand ganz verzichten. Er ist besonders gesund.

Karpfen blau mit Sahnemeerrettich

1 KÜCHENFERTIGER KARPFEN (ETWA 1,5 KG), GUT 1/4 L ESSIG, SALZ, EINIGE PFEFFERKÖRNER, 1 STÜCK MEERRETTICH (ETWA 2 CM; ERSATZWEISE 1–2 ESSL. GERIEBENER MEERRETTICH AUS DEM GLAS), 1 BECHER SCHLAGSAHNE (200 G), 1 PRISE ZUCKER, 1 TEEL. ZITRONENSAFT.

Den Karpfen vorsichtig von innen säubern und abspülen. Einen Viertelliter Essig mit der gleichen Menge Wasser aufkochen. Den Karpfen damit übergießen. Einen Liter Wasser mit zwei Eßlöffel Essig, Salz und Pfefferkörnern erhitzen, bis kleine Bläschen aufsteigen. Karpfen hineingeben und in etwa 20 Minuten gar ziehen lassen. Inzwischen Meerrettich schälen und reiben. Sahne mit Zucker steif schlagen, mit dem Meerrettich vermischen und mit Zitronensaft abschmecken. Abgetropften Karpfen mit Sahnemeerrettich servieren. (40 Minuten)

Dieses Rezept ist für vier Portionen berechnet und enthält: Eiweiß: 275 g, Fett: 138 g, Kohlenhydrate: 10 g, 2605 Kalorien, pro Portion ca. 650 Kalorien

DAZU: KARTOFFELN UND ZERLASSENE BUTTER

Schlei blau mit Sahnemeerrettich

2 KÜCHENFERTIGE SCHLEIE À ETWA 400 G, 1/8 L ESSIG, 1 ESSL. SALZ, 2 LORBEERBLÄTTER, 1 TEEL. PFEFFERKÖRNER, 1 ZWIEBEL, 1 STÜCK FRISCHER MEERRETTICH (ETWA 4 CM; ERSATZWEISE ETWA 2 ESSL. GERIEBENER), 1 BECHER SCHLAGSAHNE (200 G), 1 BUND GLATTE PETERSILIE.

Die Schleie vorsichtig unter fließendem Wasser waschen, dabei die Haut nicht verletzen. Nebeneinander in eine Schale legen. Essig mit einem Achtelliter Wasser aufkochen und die Schleie damit übergießen. Einen Liter Wasser mit Salz, Lorbeerblättern, Pfefferkörnern und der abgezogenen Zwiebel aufkochen. Schleie in die Fettpfanne des Backofens legen und den heißen Gewürzsud darübergießen. Mit Alufolie abdecken und in den Backofen schieben. Auf 175 Grad/Gas Stufe 2 schalten und 30 Minuten garen. Meerrettich schälen und fein reiben. Mit der steifgeschlagenen Sahne mischen. Schleie mit Petersilie garnieren und mit Sahnemeerrettich servieren. (50 Minuten)

Dieses Rezept ist für zwei Portionen berechnet und enthält: Eiweiß: 147 g, Fett: 68 g, Kohlenhydrate: 14 g, 936 Kalorien, pro Portion ca. 465 Kalorien

DAZU: KARTOFFELN UND BUTTER

Karpfen blau mit Sahnemeerrettich

Schlei blau mit Sahnemeerrettich

Mandelforelle

2 Forellen à etwa 300 g,
Salz,
frisch gemahlener Pfeffer,
1/2 Zitrone,
2 Essl. Mehl, 40 g Butter,
40 g Mandelblättchen.

Forellen abspülen, innen und außen salzen, pfeffern und mit etwas Zitronensaft beträufeln. In Mehl wenden und in einer Pfanne in heißer Butter bei milder Hitze von jeder Seite fünf Minuten braten. Die Forellen herausnehmen. Mandelblättchen im Bratfett hellbraun braten. Die Forellen vorsichtig darin wenden und servieren.
(30 Minuten)

Dieses Rezept ist für zwei Portionen berechnet und enthält: Eiweiß: 78 g, Fett: 64 g, Kohlenhydrate: 24 g, 985 Kalorien, pro Portion ca. 495 Kalorien

Dazu: Kartoffeln

Gefüllte Forelle

2 küchenfertige Forellen,
Salz,
frisch gemahlener Pfeffer,
1/2 Zitrone,
je 1 rote und grüne Paprikaschote,
1 Knoblauchzehe, 1 Zwiebel,
20 g Butter oder Margarine,
1 Becher Crème fraîche (150 g),
Edelsüss-Paprika,
1 Bund Petersilie,
Fett für die Form.

Forellen abspülen, trokkentupfen, innen und außen salzen, pfeffern und mit Zitronensaft beträufeln. Paprikaschoten entkernen und in kleine Würfel schneiden. Zusammen mit zerdrücktem Knoblauch und Zwiebelwürfeln in heißem Fett andünsten. 100 Gramm Crème fraîche unterrühren. Das Gemüse mit Salz, Paprika und Pfeffer abschmecken. Gehackte Petersilie unterrühren. Die Forellen mit einem Teil des Paprikagemüses füllen. In eine gefettete ofenfeste Form legen. Übriges Gemüse zufügen. Restliche Crème fraîche auf dem Fisch verteilen. Die Form in den Backofen schieben, auf 200 Grad/Gas Stufe 3 schalten und 30 Minuten garen.
(45 Minuten)

Dazu: Pellkartoffeln

Dieses Rezept ist für zwei Portionen berechnet und enthält: Eiweiß: 88 g, Fett: 90 g, Kohlenhydrate: 30 g, 1370 Kalorien, pro Portion ca. 685 Kalorien

Gedünstete Forellen mit Kräutern

vollwertig

6 küchenfertige Forellen,
2 Zitronen, Salz,
frisch gemahlener Pfeffer,
je 2 Bund Schnittlauch
und Petersilie,
je 1 Bund Dill, Basilikum
und Estragon,
3 Knoblauchzehen,
80 g Butter,
1/8 l Weisswein (ersatzweise
Wasser und Zitronensaft).

Forellen abspülen. Innen und außen mit Zitronensaft beträufeln. Zehn Minuten stehenlassen. Mit Salz und Pfeffer einreiben. Kräuter abspülen, trockentupfen und grob hacken. Knoblauch abziehen und würfeln. Kräuter und Knoblauch mischen und die Forellen damit füllen. Forellen in die Fettpfanne legen. Mit Butterflöckchen belegen und mit Wein begießen. In den Backofen schieben, auf 200 Grad/ Gas Stufe 3 schalten und 25 Minuten garen. (40 Minuten)

Dieses Rezept ist für sechs Portionen berechnet und enthält: Eiweiß: 165 g, Fett: 88 g, Kohlenhydrate: 32 g, 1855 Kalorien, pro Portion ca. 305 Kalorien

Dazu: Pellkartoffeln

Gebratene Lachsforelle

1 Küchenfertige Lachsforelle (etwa 1,7 kg),
Salz,
frisch gemahlener Pfeffer,
100 g Butterschmalz,
je 1 Bund Dill und Petersilie,
2 Zitronen.

Fisch in fünf Stücke schneiden. Abspülen, trockentupfen und innen und außen mit Salz und Pfeffer einreiben. Butterschmalz in einer großen Pfanne erhitzen und die Fischstücke von jeder Seite etwa sechs Minuten bei mittlerer Hitze braten. Abgetropft auf einer vorgewärmten Platte anrichten. Mit Dill, Petersilie und Zitronenachteln garnieren. (30 Minuten)

Dieses Rezept ist für vier Portionen berechnet und enthält: Eiweiß: 176 g, Fett: 124 g, Kohlenhydrate: 7 g, 1939 Kalorien, pro Portion ca. 485 Kalorien

Dazu: Petersilienkartoffeln und zerlassene Butter

Heringe in Weingelee

3 Eier,
6 küchenfertige Heringe,
gut 1/2 l Weisswein, Salz,
1 Essl. Pfefferkörner,
2 Chilischoten,
6 Blatt weisse Gelatine,
6 Essl. Weissweinessig,
3 Essl. Zucker,
1 Bund Petersilie,
3 Essl. eingelegte
Tomatenpaprika.

Eier in zehn Minuten hart kochen. In kaltem Wasser abkühlen. Schälen und vierteln. Heringe waschen und entgräten. In einem Viertelliter Wein mit 100 Kubikzentimeter Wasser, Salz, Pfefferkörnern und Chilischoten fünf Minuten gar ziehen. Herausnehmen und abkühlen lassen. Gelatine einweichen. Essig und Zucker aufkochen. Gelatine ausdrücken und in der heißen Flüssigkeit auflösen. Restlichen Wein unterrühren. Mit Salz abschmekken. Heringe, Petersilienblätter, Eiviertel und abgetropfte Tomatenpaprika in einer Form anrichten. Gelierflüssigkeit darübergießen und über Nacht im Kühlschrank fest werden lassen. (Ohne Wartezeit 30 Minuten)

Dieses Rezept ist für sechs Portionen berechnet und enthält: Eiweiß: 197 g, Fett: 178 g, Kohlenhydrate: 63 g, 3021 Kalorien, pro Portion ca. 505 Kalorien

Dazu: Bratkartoffeln

125 g Frühstücksspeck
(Bacon),
4 küchenfertige Schollen
à 250 g,
Salz, 1 Zitrone,
50 g Butterschmalz.

Speckscholle

Speckwürfel in einer Pfanne bei milder Hitze langsam braten. Herausnehmen und warm stellen. Schollen waschen und trockentupfen. Salzen und mit Zitronensaft beträufeln. Die Hälfte des Butterschmalzes in einer großen Pfanne erhitzen. Zwei Schollen in die Pfanne legen und bei mittlerer Hitze von jeder Seite fünf Minuten knusprig braun braten. Herausnehmen und warm stellen. Im restlichen Butterschmalz die anderen Schollen ebenso braten. Mit dem Speck bestreuen. (35 Minuten)

Dieses Rezept ist für vier Portionen berechnet und enthält: Eiweiß: 115 g, Fett: 136 g, Kohlenhydrate: 2 g, 1786 Kalorien, pro Portion ca. 445 Kalorien

DAZU: KARTOFFELSALAT

Gefüllte Fischrollen

2 Scheiben Rotbarschfilet
à 300 g,
1 Zitrone,
2 Bund Petersilie,
1 Paket Frischkäse (100 g),
1 Becher Schlagsahne (200 g),
Salz,
frisch gemahlener Pfeffer.

Fischfilet abspülen und trockentupfen. Mit etwas Zitronensaft beträufeln und zehn Minuten stehenlassen. Petersilie abspülen, trockentupfen und hacken, dabei einige Blättchen zurücklassen. Frischkäse mit etwa einem Eßlöffel Schlagsahne glattrühren. Mit Salz und Pfeffer abschmecken. Fischfilets der Länge nach halbieren. Mit dem Käse bestreichen und mit Petersilienblättern belegen. Aufrollen und mit Holzspießchen zusammenstecken. Die Fischrollen nebeneinander in eine ofenfeste Form setzen. Restliche Sahne, Zitronensaft, Salz, Pfeffer und gehackte Petersilie verrühren. In die Form gießen. In den Backofen schieben, auf 200 Grad/Gas Stufe 3 schalten und 20 Minuten backen. Sofort servieren. (50 Minuten)

Dieses Rezept ist für vier Portionen berechnet und enthält: Eiweiß: 131 g, Fett: 113 g, Kohlenhydrate: 11 g, 420 Kalorien, pro Portion ca. 485 Kalorien

Dazu: Kartoffeln und Tomatensalat

Thunfischsteak mit Tomaten-Kapernsoße

1 Gläschen Kapern (50 g),
4 Thunfischsteaks (à 200 g),
frisch gemahlener Pfeffer,
3 Essl. Öl, 1 Ei,
1/8 l Tomatensaft,
50 g Butter,
Tabasco, Salz.

Kapern abgießen und die Flüssigkeit auffangen. Thunfischsteaks mit etwas Kapernflüssigkeit bestreichen und pfeffern. Die Steaks in heißem Öl auf mittlerer Hitze von jeder Seite etwa drei Minuten braten. Zugedeckt warm stellen. Ei und einen Teelöffel Kapernflüssigkeit mit den Quirlen des Handrührgerätes schaumig schlagen. Die Rührschüssel in einen Topf mit heißem Wasser stellen. Den Tomatensaft und flüssige Butter unter Schlagen nach und nach zugeben. Weiterschlagen, bis die Soße cremig ist. Die Soße mit etwas Tabasco, wenig Salz und Pfeffer abschmekken. Thunfischsteaks mit Kapern bestreuen und die Soße dazu servieren.
(20 Minuten)

Dieses Rezept ist für vier Portionen berechnet und enthält: Eiweiß: 179 g, Fett: 207 g, Kohlenhydrate: 8 g, 2803 Kalorien, pro Portion ca. 700 Kalorien

Dazu: Reis

Kabeljaukoteletts mit Zwiebeln

4 Kabeljaukoteletts à 200 g,
1 Zitrone,
400 g rote Zwiebeln,
1/8 l Weisswein (ersatzweise Brühe und Zitronensaft),
1 Lorbeerblatt,
5 Wacholderbeeren,
Salz.

Fischkoteletts mit Zitronensaft beträufeln. Zehn Minuten stehenlassen. Zwiebeln abziehen und achteln. Wein und einen Achtelliter Wasser mit Lorbeerblatt, Wacholderbeeren und Salz aufkochen. Fisch zugeben und 20 Minuten auf kleinster Hitze ziehen lassen. Im Sud dürfen nur kleine Bläschen aufsteigen, er darf nicht sprudelnd kochen. Fisch herausnehmen und warm stellen. Zwiebeln in den Fischsud geben und in fünf Minuten weich kochen. Mit Salz abschmecken. Zwiebeln zum Fisch servieren.
(40 Minuten)

Dieses Rezept ist für vier Portionen berechnet und enthält: Eiweiß: 90 g, Fett: 2 g, Kohlenhydrate: 42 g, 666 Kalorien, pro Portion ca. 170 Kalorien

Dazu: Kartoffelbrei

Lachskoteletts mit Tomatensoße

vollwertig

2 Lachskoteletts (à 200 g),
1 Zitrone,
200 ml Weisswein
(ersatzweise Brühe und etwas Zitronensaft),
Salz, 2 Zweige Dill,
2 Fleischtomaten,
1 kleine Zwiebel,
1 Essl. Crème fraîche,
Zitronenpfeffer.

Lachskoteletts mit Zitronensaft beträufeln und zehn Minuten stehenlassen. Wein mit einer Prise Salz aufkochen. Lachskoteletts hineinlegen. Mit Dill belegen und bei schwacher Hitze etwa acht Minuten ziehen lassen (die Koteletts sind gar, wenn sich das Fischfleisch gut von der Gräte lösen läßt). Koteletts warm stellen. Abgezogene, entkernte Tomatenstücke und geriebene Zwiebel mit fünf Eßlöffel Fischsud im offenen Topf bei großer Hitze fünf Minuten kochen. Crème fraîche unterrühren. Die Soße mit Zitronenpfeffer und Salz abschmecken. Zum Fisch servieren. (25 Minuten)

Dieses Rezept ist für zwei Portionen berechnet und enthält: Eiweiß: 85 g, Fett: 60 g, Kohlenhydrate: 15 g, 1139 Kalorien, pro Portion ca. 570 Kalorien

Dazu: Vollkornreis

Butterfisch mit Champignon-Zwiebel-Gemüse

vollwertig

2 Scheiben Butterfisch (ersatzweise Fischfilet), Salz, 1 Zitrone, Fett für die Form, 200 g Champignons, 1 Bund Frühlingszwiebeln, 20 g Butter, frisch gemahlener Pfeffer, 1/4 Teel. Koriander, 50 ml Gemüsebrühe (Instant).

Butterfisch abspülen, trokkentupfen, salzen und mit Zitronensaft beträufeln. In eine gefettete, ofenfeste Form legen. Champignons und Frühlingszwiebeln putzen. Champignons in Scheiben, Zwiebeln in Ringe schneiden. Etwa vier Minuten in Butter andünsten. Mit Salz, Pfeffer, Koriander und abgeriebener Zitronenschale würzen. Über den Fisch geben. Brühe zugießen. Mit Alufolie abdecken. Im Backofen bei 200 Grad/Gas Stufe 3 etwa 20 bis 25 Minuten dünsten. (35 Minuten)

Dieses Rezept ist für zwei Portionen berechnet und enthält: Eiweiß: 87 g, Fett: 62 g, Kohlenhydrate: 19 g, 788 Kalorien, pro Portion ca. 365 Kalorien

Dazu: Naturreis

2 Heilbuttkoteletts à etwa 250 g, 1/2 Zitrone, 1 Fenchelknolle, 1 rote Paprikaschote, 40 g Butter, Salz, frisch gemahlener Pfeffer, 1 Teel. Senfkörner, 2 cl trockener Sherry (ersatzweise Wasser mit etwas Zitronensaft), 1/2 Becher Schlagsahne (100 g).

Heilbuttkoteletts mit Zitronensaft beträufeln und zehn Minuten stehenlassen. Fenchel in sehr dünne Scheiben schneiden und mit Paprikastreifen in heißer Butter fünf Minuten dünsten. Heilbutt salzen und pfeffern und mit Senfkörnern und Sherry zum Gemüse geben. Auf kleiner Hitze in der geschlossenen Pfanne von jeder Seite vier Minuten dünsten. Fisch und Gemüse herausnehmen und warm stellen. Sahne in die Pfanne geben und offen bei großer Hitze kochen lassen, bis die Soße cremig ist. Soße mit Salz und Pfeffer abschmecken und zum Fisch servieren. (30 Minuten)

Dieses Rezept ist für zwei Portionen berechnet und enthält: Eiweiß: 89 g, Fett: 79 g, Kohlenhydrate: 32 g, 1247 Kalorien, pro Portion ca. 620 Kalorien

Dazu: Vollkornreis

Heilbuttkoteletts mit Fenchel

vollwertig

Schellfisch auf Kerbelschaum

1 Zwiebel,
1 Möhre, 1 Zitrone,
4 Pfefferkörner,
3 Scheiben Schellfisch
à 200 g,
2 Schalotten,
150 g Butter,
2 Bund Kerbel,
2 Eier, Salz,
frisch gemahlener Pfeffer.

Zwiebel und Möhre in grobe Stücke schneiden. Mit zwei Zitronenscheiben, Pfefferkörnern und einem Liter Wasser 15 Minuten kochen. Fisch zugeben und bei kleinster Hitze etwa sechs Minuten ziehen lassen. Inzwischen Schalottenwürfel in 30 Gramm Butter andünsten. Kerbel hacken. Eigelb mit Zitronensaft im Wasserbad schaumig schlagen. Flüssige Butter nach und nach zugeben, dabei weiterschlagen. Mit Salz und Pfeffer würzen. Ein steifgeschlagenes Eiweiß, Kerbel und Schalotten vorsichtig unter die Soße rühren. Abgetropften Fisch mit der Soße servieren.
(40 Minuten)

Dieses Rezept ist für drei Portionen berechnet und enthält: Eiweiß: 125 g, Fett: 138 g, Kohlenhydrate: 18 g, 1840 Kalorien, pro Portion ca. 610 Kalorien

Dazu: Salzkartoffeln

Forellenfilets in Wirsing

vollwertig

1 kleiner Wirsingkohl, Salz,
2 Forellen (vom Fischhändler filieren lassen),
1 Zitrone,
frisch gemahlener Pfeffer,
2 Eigelb, 75 g Butter,
2 Lauchzwiebeln, Muskat,
1 Becher Schlagsahne (250 g),
100 g Krabbenfleisch.

Vom Wirsing die äußeren welken Blätter entfernen. Vier weitere Blätter ablösen (restlichen Kohl anderweitig verwenden). Kohlblätter in reichlich sprudelnd kochendem Salzwasser drei Minuten kochen. Herausnehmen und abtropfen lassen. Forellenfilets mit etwas Zitronensaft beträufeln, salzen und pfeffern. Eigelb mit weicher Butter verrühren. Feingehackte Lauchzwiebeln unterrühren. Mit Salz und einer Prise Muskat würzen. Die Hälfte der Buttermischung auf die Wirsingblätter streichen. Forellenfilets darauflegen. Restliche Butter auf den Fisch streichen. Blätter aufrollen und mit Holzspießchen feststecken. Sahne mit einer Prise Salz aufkochen. Wirsingrollen darin im geschlossenen Topf bei kleiner Hitze zehn Minuten gar ziehen lassen. Herausnehmen. Krabbenfleisch unter die Sahne rühren und mit Salz, Pfeffer und Zitronensaft abschmecken. Wirsingröllchen mit Soße servieren. (40 Minuten)

Dieses Rezept ist als Vorspeise für vier Portionen berechnet und enthält: Eiweiß: 125 g, Fett: 167 g, Kohlenhydrate: 40 g, 2201 Kalorien, pro Portion ca. 550 Kalorien

Dazu: Pellkartoffeln

Überbackenes Lengfischfilet

1 Päckchen TK-Spinat (300 g),
750 g Lengfisch,
1 Zitrone,
1 grosse Dose Tomaten (800 g),
1 Zwiebel, Salz,
frisch gemahlener Pfeffer,
1 Teel. Edelsüss-Paprika,
4 Essl. Schlagsahne,
1 Essl. Semmelbrösel,
50 g geriebener Käse,
30 g Butter.

Spinat auftauen lassen. Die Fischfilets mit Zitronensaft beträufeln. Zugedeckt zehn Minuten stehenlassen. Die Tomaten ohne Flüssigkeit, Spinat und Zwiebelwürfel in eine ofenfeste Form füllen. Mit Salz, Pfeffer und Paprika würzen. Die Fischfilets salzen. Auf das Gemüse legen und mit der Sahne beträufeln. Semmelbrösel und geriebenen Käse mischen und auf den Fisch streuen. Die Butter in Flöckchen darüber verteilen. Die Form in den Backofen schieben, auf 200 Grad/Gas Stufe 3 schalten und etwa 30 Minuten goldbraun überbacken. (Ohne Wartezeit 50 Minuten)

Dieses Rezept ist für vier Portionen berechnet und enthält: Eiweiß: 170 g, Fett: 63 g, Kohlenhydrate: 39 g, 1504 Kalorien, pro Portion ca. 375 Kalorien

Dazu: Baguette

1 Porreestange,
1/4 l Gemüsebrühe (Instant),
1 küchenfertiger Schellfisch
(etwa 2 kg),
1 Zitrone,
Salz, 800 g Kartoffeln,
500 g Möhren,
1/2 Bund Petersilie.

Schellfisch im Porreemantel

Porreestange längs halbieren und in einzelne Blätter zerteilen. Porreeblätter und Brühe in einem Topf mit sprudelndem Salzwasser zwei Minuten kochen. Fisch kalt abspülen, trockentupfen, mit Zitronensaft beträufeln, salzen und mit den Porreeblättern umwickeln. Den Fisch in eine ofenfeste Form setzen, längs geviertelte Kartoffeln und Möhren zugeben. Im Backofen bei 180 Grad/ Gas Stufe 2 etwa 40 Minuten garen und noch fünf Minuten im ausgeschalteten Ofen ruhenlassen. (1 Stunde 5 Minuten)

Dieses Rezept ist für vier Portionen berechnet und enthält: Eiweiß: 383 g, Fett: 5 g, Kohlenhydrate: 159 g, 2233 Kalorien, pro Portion ca. 560 Kalorien

Fischbraten mit Spinat

1 Paket TK-Blattspinat (300 g),
750 g Fischfilet (Seelachs, Kabeljau oder Rotbarsch),
1/2 Zitrone,
2 altbackene Brötchen,
1/8 l Milch,
50 g durchwachsener Speck,
2 Zwiebeln, 3 Eier,
Senf, Salz,
frisch gemahlener Pfeffer,
1 Paket Kräuterfrischkäse (150 g).

Spinat auftauen lassen. Fisch abspülen, trockentupfen und mit Zitronensaft beträufeln. Zehn Minuten stehenlassen. Brötchenwürfel mit der Milch übergießen. Speck würfeln und bei kleiner Hitze ausbraten. Zwiebelwürfel darin glasig dünsten. Fisch und Brötchen im Blitzhacker pürieren. Mit Eiern, Speck, Zwiebeln, Senf und abgeriebener Zitronenschale verrühren. Mit Salz und Pfeffer abschmecken. Auf Alufolie zu einem dikken Fladen auseinanderstreichen. Spinat ausdrücken, mit Käse vermischen und auf dem Fischteig verteilen. Die Alufolie an den Seiten hochziehen und einen festen Rand formen. Auf ein Blech legen und in den Backofen schieben. Auf 225 Grad/Gas Stufe 4 schalten und 50 Minuten backen. Den Fischbraten in der Folie servieren. (1 Stunde 30 Minuten)

Dieses Rezept ist für sechs Portionen berechnet und enthält: Eiweiß: 205 g, Fett: 126 g, Kohlenhydrate: 68 g, 2255 Kalorien, pro Portion ca. 375 Kalorien

Dazu: Kartoffelbrei

Sauerkrauteintopf mit Räucherfisch

vollwertig

500 g Kartoffeln,
2 Zwiebeln,
30 g Butter oder Margarine,
1/4 l Brühe (Instant),
1 Dose Sauerkraut
(Einwaage 550 g),
1 Lorbeerblatt,
1 Teel. Wacholderbeeren,
500 g Räucherfisch
(Schillerlocke, Makrele,
Heilbutt),
Salz,
frisch gemahlener Pfeffer.

Kartoffeln waschen, schälen und in Scheiben schneiden. Zwiebeln abziehen und in Ringe schneiden. Möhren putzen und in Scheiben schneiden. Kartoffeln, Zwiebeln und Möhren in heißem Fett fünf Minuten andünsten. Brühe, Sauerkraut, Lorbeerblatt und Wacholderbeeren zugeben und im geschlossenen Topf bei kleiner Hitze 30 Minuten schmoren. Räucherfisch in kleine Stücke teilen und die Gräten entfernen. Zum Gemüse geben und drei Minuten darin erwärmen. Eintopf mit Salz und Pfeffer abschmecken. (45 Minuten)

Dieses Rezept ist für vier Portionen berechnet und enthält: Eiweiß: 92 g, Fett: 82 g, Kohlenhydrate: 121 g, 1684 Kalorien, pro Portion ca. 420 Kalorien

Fisch-Gemüsetopf

vollwertig

1 Bund Suppengrün,
750 g Fischabfälle,
2 Lorbeerblätter,
1 Teel. Pfefferkörner,
1 Zwiebel, Salz,
600 g Fischfilet
(z. B. Lengfisch, Rotbarsch),
1 Zitrone, 4 Tomaten,
1/2 l Tomatensaft, 2 Kohlrabi,
300 g grüne Bohnen,
1 Dose Muschelfleisch
(Einwaage 175 g),
2 Stangen Porree,
frisch gemahlener Pfeffer.

Suppengrün in große Stükke schneiden. Mit den abgespülten Fischabfällen, Lorbeerblättern, Pfefferkörnern und der Zwiebel in einem Liter Salzwasser eine halbe Stunde bei kleiner Hitze kochen. Nicht länger kochen lassen, sonst wird die Fischbrühe bitter. Inzwischen das Fischfilet in mundgerechte Stücke schneiden, mit Zitronensaft beträufeln und zugedeckt stehenlassen. Tomaten mit kochendem Wasser übergießen und die Haut abziehen. Die Fischbrühe durchsieben. Brühe mit Tomatensaft, Kohlrabischeiben und Bohnen in einen Topf geben und 15 Minuten kochen. Fischfilet, abgetropfte Muscheln, halbierte Tomaten und Porreeringe zugeben und alles bei kleiner Hitze im geschlossenen Topf fünf Minuten ziehen lassen. Mit Salz, Pfeffer und Zitronensaft abschmecken.
(1 Stunde 10 Minuten)

Dieses Rezept ist für drei Portionen berechnet und enthält: Eiweiß: 147 g, Fett: 25 g, Kohlenhydrate: 103 g, 1232 Kalorien, pro Portion ca. 410 Kalorien

Dazu: Weizenvollkornbrot

Gebratene Sardinen

vollwertig

1 kg frische Sardinen oder
2 Pakete TK-Sardinen à 500 g,
4 Zitronen,
200 g Roggenschrot,
1 Essl. Edelsüss-Paprika, Salz,
frisch gemahlener Pfeffer,
80 ml Öl,
1 grüner Salat.

Sardinen an der Bauchseite aufschneiden. Innereien entfernen. Kopf und Schwanz abschneiden. Gründlich unter fließendem Wasser waschen. Trockentupfen. Zwei Zitronen auspressen. Fische im Saft wenden. Roggenschrot mit Paprika, Salz und Pfeffer vermischen und Sardinen im Schrot wenden. In heißem Öl von allen Seiten goldbraun braten. Mit Zitronenachteln und Salat anrichten. (40 Minuten)

Dieses Rezept ist für sechs Portionen berechnet und enthält: Eiweiß: 322 g, Fett: 106 g, Kohlenhydrate: 139 g, 2796 Kalorien, pro Portion ca. 465 Kalorien

Dazu: Salat

Fisch-Gemüsetopf

Gebratene Sardinen

Räucherfischauflauf

vollwertig

500 g Kartoffeln,
500 g Tomaten,
2 Stangen Porree,
Fett für die Form,
400 g geräucherter Heilbutt,
1 Becher saure Sahne (200 g),
1 Ei, Salz,
frisch gemahlener Pfeffer,
50 g Goudakäse.

Kartoffeln mit Schale 15 Minuten kochen. Schale abziehen. Kartoffeln und Tomaten in Scheiben, Porree in Ringe schneiden. In eine gefettete, flache ofenfeste Form geben. Fisch in Stücken darauf verteilen. Saure Sahne mit Ei verschlagen und mit wenig Salz und Pfeffer würzen. Über das Gemüse gießen. Form in den Backofen schieben, auf 200 Grad/Gas Stufe 3 schalten und 20 Minuten backen. Mit geriebenem Käse bestreuen und noch zehn Minuten überbacken. (50 Minuten)

Dieses Rezept ist für drei Portionen berechnet und enthält: Eiweiß: 48 g, Fett: 43 g, Kohlenhydrate: 122 g, 1085 Kalorien, pro Portion ca. 360 Kalorien

Dazu: grüner Salat

300 g frischer Lachs im Stück,
1 Bund Basilikum,
grober Pfeffer,
1 Teel. geriebener
Meerrettich (aus dem Glas),
Zucker, Salz,
1–2 Essl. Zitronensaft,
4 Essl. Öl.

Lachs enthäuten und für etwa eine Stunde in das

Marinierter Lachs mit Basilikum

Gefrierfach legen. Auf dem Allesschneider quer zur Faser (Mittelgräte bleibt dabei übrig) in hauchdünne Scheiben schneiden. Lachsscheiben schuppenförmig auf einer Platte anrichten. Mit einigen geschnittenen Basilikumblättern bestreuen. Mit Pfeffer und Meerrettich, einer Prise Zucker, Salz, Zitronensaft und Öl verrühren. Über den Lachs gießen und im Kühlschrank zugedeckt etwa eine Stunde durchziehen lassen. Mit restlichem Basilikum garnieren. (Ohne Wartezeit 15 Minuten)

Dieses Rezept ist als Vorspeise für vier Portionen berechnet und enthält: Eiweiß: 60 g, Fett: 65 g, Kohlenhydrate: 2 g, 879 Kalorien, pro Portion ca. 220 Kalorien

DAZU: TOAST

Matjes in Rotwein

10 Matjesfilets,
1/2 l Rotweinessig,
250 g brauner Zucker,
2 Lorbeerblätter,
1 Essl. Pfefferkörner,
1/4 Teel. Fenchelsamen,
2 rote Zwiebeln,
2 Bund Dill.

Matjesfilets kalt abspülen und mit Küchenkrepp trokkentupfen. Essig mit einem Viertelliter Wasser, Zucker und Gewürzen aufkochen. Zwiebelringe zufügen und alles abkühlen lassen. Matjesfilets in eine Glasschüssel schichten und mit dem Sud begießen. Dillzweige auf die eingelegten Matjes legen. Über Nacht im Kühlschrank durchziehen lassen. (Ohne Wartezeit 20 Minuten)

Dieses Rezept ist für fünf Portionen berechnet und enthält: Eiweiß: 131 g, Fett: 181 g, Kohlenhydrate: 255 g, 3180 Kalorien, pro Portion ca. 640 Kalorien

Dazu: Bauernbrot mit Butter

Fischfrikadellen

700 g Rotbarschfilet,
300 g Räucherfischfilet (z. B. Makrelen),
1 altbackenes Brötchen,
1 Bund Zitronenmelisse,
2 Zwiebeln,
70 g Butter oder Margarine,
2 Eier,
2 Essl. gemahlene Mandeln,
1 Zitrone, Salz,
frisch gemahlener Pfeffer.

Fischfilet und Räucherfisch völlig entgräten und mit dem Schneidstab des Handrührgerätes oder im Blitzhacker zerkleinern. Brötchen in kaltem Wasser einweichen. Zitronenmelisse abspülen, trockentupfen und fein zerschneiden. Zwiebeln abziehen und fein würfeln. In 20 Gramm Fett glasig dünsten. Fischmus mit Zwiebeln, Eiern, gemahlenen Mandeln, ausgedrücktem Brötchen, Zitronensaft und Zitronenmelisse verkneten. Mit Salz und Pfeffer abschmecken. Aus dem Teig zwölf Frikadellen formen. Im restlichen Fett von jeder Seite bei milder Hitze fünf Minuten braten. (45 Minuten)

Dieses Rezept ist für sechs Portionen berechnet und enthält: Eiweiß: 139 g, Fett: 131 g, Kohlenhydrate: 36 g, 2005 Kalorien, pro Portion ca. 335 Kalorien

Dazu: Salzkartoffeln und grüner Salat

Rotbarschterrine mit Lachs

1 Bund Suppengrün,
1 kleine Zucchini, Salz,
500 g Rotbarschfilet,
1 Becher Schlagsahne (250 g),
frisch gemahlener Pfeffer,
1 Zitrone,
Fett für die Form,
1 Bund Basilikum,
250 g Lachsfilet.

Suppengrün bis auf den Porree sehr fein würfeln. Zucchini in dünne Scheiben schneiden. Das Gemüse in Salzwasser eine Minute sprudelnd kochen. Rotbarsch im Blitzhacker fein zerkleinern. Eiswürfel in eine große Schüssel füllen. Fisch in einer kleineren Schüssel auf das Eis stellen. Schlagsahne unterrühren. Das erkaltete Gemüse unterrühren. Die Fischfarce mit Salz, Pfeffer und Zitronensaft abschmekken. Porreestreifen in kochendem Wasser blanchieren und in Eiswasser abkühlen lassen. In eine gefettete Kastenform legen. Die Hälfte der Fischfarce daraufstreichen. Mit Basilikum belegen. Lachsstücke salzen, pfeffern und darauf verteilen. Mit Basilikum abdecken. Restliche Fischfarce darüberstreichen. Form verschließen und in die mit heißem Wasser gefüllte Fettpfanne des Backofens stellen. Auf 175 Grad/Gas Stufe 2 schalten und eine Stunde garen. Abkühlen lassen.
(Ohne Wartezeit 1 Stunde 30 Minuten)

Dieses Rezept ist als Vorspeise für zwölf Portionen berechnet und enthält: Eiweiß: 153 g, Fett: 146 g, Kohlenhydrate: 35 g, 2261 Kalorien, pro Portion ca. 190 Kalorien

Dazu: Toast

Brokkoli mit Krebsfleisch

500 g Brokkoli,
1 Zwiebel,
30 g Butter oder Margarine,
Salz,
100 ml Milch,
1 Becher Schlagsahne (250 g),
1 Dose Crabmeat
(Einwaage 220 g),
1/2 Zitrone,
frisch gemahlener Pfeffer.

Brokkoli putzen und in Stücke schneiden. Zwiebelwürfel in heißem Fett andünsten. Brokkoli leicht salzen und zufügen. Milch zugießen und im geschlossenen Topf 15 Minuten dünsten. Brokkoli herausnehmen und warm stellen. Sahne zugießen und cremig einkochen. Crabmeat zerpflücken und in der Sahnesoße zwei Minuten erhitzen. Die Soße mit Zitronensaft, Salz und Pfeffer abschmecken und über den Brokkoli gießen.
(25 Minuten)

Dieses Rezept ist als Vorspeise für sechs Portionen berechnet und enthält: Eiweiß: 68 g, Fett: 115 g, Kohlenhydrate: 44 g, 1507 Kalorien, pro Portion ca. 250 Kalorien

Dazu: geröstete Weissbrotscheiben

Marinierte Riesengarnelen

Garnelen-Spieße

2 Schalotten,
2 Knoblauchzehen,
1/8 l Olivenöl,
1/2 Teel. Anissamen,
2 Essl. gehackte Kräuter
(Dill, Petersilie),
2 Essl. Anisschnaps
(ersatzweise Zitronensaft),
Salz,
frisch gemahlener Pfeffer,
8 rohe Riesengarnelen,
4 feste Tomaten.

Schalotten und Knoblauchzehen in sehr feine Würfel schneiden. Mit Olivenöl, Anissamen, gehackten Kräutern, Anisschnaps, Salz und Pfeffer verrühren. Garnelen waschen, trockentupfen und in die Marinade legen. Etwa drei Stunden im Kühlschrank durchziehen lassen. In eine ofenfeste Form legen und mit der Marinade bestreichen. Tomaten zugeben. Unter dem vorgeheizten Grill von jeder Seite etwa drei Minuten grillen. (Ohne Wartezeit 15 Minuten)

Dieses Rezept ist als Vorspeise für vier Portionen berechnet und enthält: Eiweiß: 147 g, Fett: 133 g, Kohlenhydrate: 11 g, 2570 Kalorien, pro Portion ca. 645 Kalorien

Dazu: Baguette

12 rohe TK-Riesengarnelen,
Salz,
3 Tomaten,
150 g Zucchini,
6 Essl. Öl,
1 Knoblauchzehe,
frisch gemahlener Pfeffer,
einige Spritzer Tabasco.

Aufgetaute Garnelen in kochendes Salzwasser geben und eine Minute kochen. Herausnehmen und die Schalen entfernen. Riesengarnelen abwechselnd mit Tomatenachteln und Zucchinischeiben auf vier Holzspieße stecken. Zwei Eßlöffel Öl mit zerdrücktem Knoblauch, Salz, Pfeffer und Tabasco verrühren und die Spieße damit einstreichen. Restliches Öl in einer Pfanne erhitzen. Die Spieße darin bei mittlerer Hitze rundherum etwa vier Minuten braten. Sofort servieren.
(15 Minuten)

Dieses Rezept ist als Vorspeise für vier Portionen berechnet und enthält: Eiweiß: 50 g, Fett: 78 g, Kohlenhydrate: 41 g, 1176 Kalorien, pro Portion ca. 295 Kalorien

Dazu: geröstetes Weissbrot

Garnelen mit Kräutervinaigrette

3 Essl. Sherryessig,
1 Knoblauchzehe,
1/2 Teel. körniger Senf,
Salz,
frisch gemahlener Pfeffer,
1 Prise Zucker,
8 Essl. Olivenöl,
1 Schalotte,
1 Handvoll Kerbel,
1 Bund Petersilie,
1 Friséesalat,
8 rohe Riesengarnelen.

Für die Vinaigrette Essig mit zerdrücktem Knoblauch, Senf, Salz, Pfeffer und Zucker verrühren. Fünf Eßlöffel Öl nach und nach unterschlagen. Feingewürfelte Schalotte und feingehackte Kräuter unterrühren. Friséesalat putzen, waschen und gut trokkentupfen. Auf eine Platte legen. Garnelen in restlichem heißen Öl von jeder Seite zwei Minuten braten. Auf dem Salat anrichten. Die Vinaigrette darauf verteilen und sofort servieren. (30 Minuten)

Dieses Rezept ist als Vorspeise für vier Portionen berechnet und enthält: Eiweiß: 44 g, Fett: 100 g, Kohlenhydrate: 9 g, 1150 Kalorien, pro Portion ca. 290 Kalorien

Riesengarnelen mit provenzalischen Kräutern

1 Zwiebel,
2 Knoblauchzehen,
1/8 l Olivenöl,
2 Teel. TK-provenzalische Kräutermischung (ersatzweise 1 Teel. getrocknete),
1 Bund glatte Petersilie,
8 rohe Riesengarnelen,
1/2 Zitrone.

Zwiebel und Knoblauch sehr fein hacken und in heißem Öl glasig dünsten. Kräutermischung und gehackte Petersilie zugeben und kurz mit andünsten. Die Schalen der Riesengarnelen von der Unterseite her aufbrechen und abziehen. Das Garnelenfleisch mit Zitronensaft beträufeln. In eine flache, ofenfeste Form legen. Die Kräuter-Ölmischung darübergießen. Form in den Ofen schieben, auf 200 Grad/Gas Stufe 3 schalten und 15 Minuten backen. Heiß servieren. (25 Minuten)

Dieses Rezept ist als Vorspeise für vier Portionen berechnet und enthält: Eiweiß: 145 g, Fett: 104 g, Kohlenhydrate: 7 g, 1563 Kalorien, pro Portion ca. 390 Kalorien

Dazu: Baguette

Garnelen mit
Kräutervinaigrette

Riesengarnelen mit
provenzalischen Kräutern

Riesengarnelen mit Paprika

2 Paprikaschoten,
1 Zwiebel,
30 g Butter oder Margarine,
Salz,
frisch gemahlener Pfeffer,
6 rohe Riesengarnelen,
1/2 Bund Petersilie,
5 Essl. Schlagsahne,
1/2 Zitrone.

Paprika halbieren und auf den Rost des Backofens legen. Auf 250 Grad/Gas Stufe 5 schalten und etwa 40 Minuten backen, bis die Haut dunkelbraun ist und sich abziehen läßt. Zwiebelringe und abgezogene Paprikastreifen in heißem Fett andünsten. Mit Salz und Pfeffer würzen. Riesengarnelen aus der Schale lösen. Garnelen, Petersilienblättchen und Sahne in die Pfanne geben. Mit Zitronensaft beträufeln. In der geschlossenen Pfanne noch fünf Minuten dünsten. Mit Salz und Pfeffer abschmecken. (1 Stunde)

Dieses Rezept ist als Vorspeise für drei Portionen berechnet und enthält: Eiweiß: 34 g, Fett: 47 g, Kohlenhydrate: 16 g, 647 Kalorien, pro Portion ca. 215 Kalorien

Dazu: Baguette

Risotto mit Scampi

50 g Schalotten,
50 g Butter oder Margarine,
200 g Reis,
1 Krebssuppenwürfel (50 g),
etwa 1/4 l Weisswein, Salz,
frisch gemahlener Pfeffer,
250 g Scampifleisch,
1 Bund Schnittlauch.

Schalottenwürfel in heißem Fett glasig dünsten. Reis zugeben und ebenfalls andünsten. Zerbröckelten Krebssuppenwürfel, Wein und einen Viertelliter Wasser zufügen. Mit Salz und Pfeffer würzen. Im geschlossenen Topf 20 Minuten kochen. Eventuell noch etwas Wein nachgießen. Scampi auf den Reis geben und noch kurz mit heiß werden lassen. Risotto mit Salz und Pfeffer kräftig abschmecken. Mit Schnittlauchröllchen bestreut servieren.
(30 Minuten)

Dieses Rezept ist für drei Portionen berechnet und enthält: Eiweiß: 49 g, Fett: 58 g, Kohlenhydrate: 169 g, 1478 Kalorien, pro Portion ca. 493 Kalorien

Dazu: grüner Salat

Fritierter Tintenfisch mit Knoblauchsoße

100 g Quark (20 %),
1 Essl. Mayonnaise,
1/2 Becher
Crème fraîche (75 g),
1 Essl. geriebener Meerrettich,
2 Knoblauchzehen, Salz,
Zucker, 2 Zitronen,
Fett zum Fritieren,
2 Pakete TK-Tintenfischringe
im Backteig à 250 g.

Quark mit Mayonnaise und Crème fraîche verrühren. Meerrettich und zerdrückten Knoblauch zum Quark geben und unterrühren. Mit Salz, etwas Zucker und Zitronensaft abschmecken. Das Fett in einem Topf erhitzen, bis sich an einem hineingetauchten Holzstiel Bläschen bilden. Die tiefgefrorenen Tintenfischringe portionsweise hineingeben und in jeweils etwa zwei Minuten hellbraun fritieren. Die restliche Zitrone in Spalten schneiden. Die Tintenfischringe mit der Knoblauchsoße und Zitronenspalten servieren. (30 Minuten)

Dieses Rezept ist für vier Portionen berechnet und enthält: Eiweiß: 103 g, Fett: 57 g, Kohlenhydrate: 58 g, 1361 Kalorien, pro Portion ca. 340 Kalorien

Dazu: Baguette

Spaghetti mit Muschelsoße

4 Zwiebeln,
2 Knoblauchzehen,
20 g Butter oder Margarine,
1 Paket passierte Tomaten (500 g),
250 g Spaghetti,
Salz, 1 Essl. Öl,
1/2 Becher Schlagsahne (125 g),
1 Dose Muscheln naturell (Einwaage 275 g),
1 Bund Petersilie,
frisch gemahlener Pfeffer.

Zwiebelringe und Knoblauchscheiben in heißem Fett glasig dünsten. Passierte Tomaten zugeben. In der offenen Pfanne bei kleiner Hitze zehn Minuten einkochen. Inzwischen Spaghetti in reichlich Salzwasser mit Öl in acht Minuten bißfest kochen. Sahne, abgegropfte Muscheln und gehackte Petersilie unter die Soße rühren. Die Soße mit Salz und Pfeffer kräftig abschmecken. Abgetropfte Spaghetti mit der heißen Soße servieren. (20 Minuten)

Dieses Rezept ist für drei Portionen berechnet und enthält: Eiweiß: 76 g, Fett: 82 g, Kohlenhydrate: 224 g, 1941 Kalorien, pro Portion ca. 650 Kalorien

Dazu: Salat

Sahnemuscheln

1 kg Miesmuscheln,
1/4 l Weisswein (ersatzweise Wasser und Saft von 1 Zitrone),
2 Lorbeerblätter,
1 Teel. Pfefferkörner,
2 Zwiebeln,
2 Knoblauchzehen,
20 g Butter oder Margarine,
1 Becher Schlagsahne (200 g),
1 Bund Petersilie,
Salz, Zitronensaft,
1/4 Teel. Senfpulver.

Muscheln gründlich waschen, bürsten und eventuell den „Bart" entfernen. Offene Muscheln wegwerfen. Muscheln, Wein, Lorbeerblätter und Pfefferkörner in einen großen Topf geben. Bei großer Hitze etwa fünf Minuten kochen. Dabei den Topf ab und zu schütteln. Nun die noch geschlossenen Muscheln wegwerfen. Muschelfleisch aus den Schalen lösen. Muschelsud durchsieben und auf die Hälfte einkochen lassen. Zwiebelwürfel und zerdrückten Knoblauch in heißem Fett andünsten. Sahne und Muschelsud zugießen. Cremig einkochen lassen. Feingehackte Petersilie zufügen. Mit Salz, Zitronensaft und Senfpulver abschmecken. Muscheln in eine ofenfeste Form geben. Mit der Sahnesoße begießen. Unter dem vorgeheizten Grill oder im ausnahmsweise auf 250 Grad/Gas Stufe 5 vorgeheizten Backofen etwa fünf Minuten überbacken.
(40 Minuten)

Dieses Rezept ist als Vorspeise für drei Portionen berechnet und enthält: Eiweiß: 25 g, Fett: 81 g, Kohlenhydrate: 23 g, 1138 Kalorien, pro Portion ca. 375 Kalorien

Dazu: Baguette

2 rote Paprikaschoten,
2 Zwiebeln,
3 kg Miesmuscheln,
30 g Butter oder Margarine,
1/4 l Weisswein (ersatzweise Wasser und etwas Zitronensaft),
1 Becher Schlagsahne (250 g).

Paprikaschoten putzen, waschen und in Streifen schnei-

Miesmuscheln im Sahnesud

den. Zwiebeln abziehen und in Ringe schneiden. Muscheln unter kaltem Wasser gründlich abbürsten, dabei die dunklen Fäden, den „Bart“, entfernen. Geöffnete Muscheln wegwerfen. Zwiebeln und Paprika in heißem Fett andünsten. Muscheln, Wein und Schlagsahne zugeben. Im geschlossenen Topf etwa sechs Minuten kochen, dabei den Topf mehrmals schütteln. Muscheln mit Gemüse auf tiefen Tellern anrichten, dabei noch geschlossene Muscheln wegwerfen. Den Sud über die Muscheln gießen.
(45 Minuten)

Dieses Rezept ist für vier Portionen berechnet und enthält: Eiweiß: 68 g, Fett: 112 g, Kohlenhydrate: 47 g, 1689 Kalorien, pro Portion ca. 420 Kalorien

DAZU: BAGUETTE

Jacobsmuscheln in Mangold

6 Mangoldblätter,
4 Jacobsmuscheln,
180 g Fischfilet (z.B. Kabeljau),
1 Ei, Salz,
Cayennepfeffer,
1/2 Becher Schlagsahne (75 g).

Mangoldblätter in siedendem Wasser fünf Sekunden sprudelnd kochen. Mit eiskaltem Wasser abspülen und auf einem Küchentuch abtropfen lassen. Von den Jacobsmuscheln den orangefarbenen Rogen abtrennen. Fischfilet und den Rogen im Blitzhacker oder in der Küchenmaschine pürieren. Das Ei zufügen und mit Salz und Cayennepfeffer würzen. Eventuell durch ein Sieb streichen. Eine Stunde kalt stellen. Sahne unterrühren. Die dicken Rippen aus den Mangoldblättern schneiden. Die Blattmitte mit einem halben Blatt verschließen. Fischfarce auf die Blätter streichen. Jacobsmuscheln darauflegen und die Blätter aufrollen. Topf mit Siebeinsatz etwa zwei Zentimeter hoch mit Wasser füllen. Aufkochen. Röllchen auf den Siebeinsatz legen und im geschlossenen Topf bei kleiner Hitze acht Minuten dämpfen. (Ohne Wartezeit 30 Minuten)

Dieses Rezept ist für vier Portionen berechnet und enthält: Eiweiß: 41 g, Fett: 33 g, Kohlenhydrate: 4 g, 610 Kalorien, pro Portion ca. 150 Kalorien

Dazu: Reis und Sauce Hollandaise

Überbackene Jacobsmuscheln

200 g Jacobsmuschelfleisch (eventuell TK),
125 g Staudensellerie,
1 Porreestange (etwa 150 g),
1/2 grüne Paprikaschote,
1/2 Bund Petersilie,
2 Essl. Semmelbrösel,
100 g Butter,
3 Essl. Schlagsahne,
Salz, Cayennepfeffer,
1/2 Teel. Senfpulver.

Muschelfleisch abspülen und trockentupfen. Sellerie, Porree, Paprika und Petersilie sehr fein hacken. Mit Semmelbröseln, zerlassener Butter und Sahne vermischen. Mit Salz, Cayennepfeffer und Senfpulver abschmecken. In kleine, ofenfeste Förmchen füllen. Muschelfleisch daraufgeben. Im Backofen bei 200 Grad/Gas Stufe 3 etwa 30 Minuten überbacken.
(40 Minuten)

Dieses Rezept ist für vier Portionen berechnet und enthält: Eiweiß: 17 g, Fett: 95 g, Kohlenhydrate: 31 g, 1121 Kalorien, pro Portion ca. 280 Kalorien

Dazu: Baguette

FLEISCHLOS

Viele gute Gründe sprechen dafür, nicht jeden Tag Fleisch zu essen. Lassen Sie sich durch diese Rezepte davon überzeugen, daß fleischlose Gerichte nicht nur gesund und preiswert sind, sondern auch vorzüglich schmecken. Ab Seite 270 gibt's übrigens auch süße Hauptgerichte.

Rosenkohlauflauf

vollwertig

750 g Rosenkohl, Salz,
300 g Roggenmischbrot,
3/8 l Milch, 2 Eier,
100 g Goudakäse,
frisch gemahlener Pfeffer,
Muskat, Fett für die Form,
1/8 l Brühe (Instant),
3 Essl. Semmelbrösel,
50 g Butter oder Margarine.

Rosenkohl waschen, putzen, am Strunk kreuzweise einritzen und in wenig Salzwasser zehn Minuten kochen. Auf einem Sieb abtropfen lassen. Vom Brot die Rinde abschneiden. Brot in Würfel schneiden. Mit der Milch übergießen und zehn Minuten stehenlassen. Eier, geriebenen Käse und Brot zu einem Teig verkneten. Mit Salz, Pfeffer und Muskat kräftig abschmecken. Den Teig vorsichtig mit dem Rosenkohl mischen und in eine gefettete ofenfeste Form füllen. Die Brühe zugießen. Mit Semmelbröseln bestreuen und mit Fettflöckchen belegen. In den Backofen schieben, auf 200 Grad/Gas Stufe 3 schalten und 45 Minuten backen.
(1 Stunde 15 Minuten)

Dieses Rezept ist für vier Portionen berechnet und enthält: Eiweiß: 107 g, Fett: 99 g, Kohlenhydrate: 246 g, 2450 Kalorien, pro Portion ca. 610 Kalorien

Dazu: Salat

Gemüseauflauf

vollwertig

3 Zucchini, Salz,
2 Dosen Gemüsemais
(Einwaage 285 g),
250 g Champignons,
Fett für die Form,
1 Becher Crème fraîche (200 g),
3 Eier, 150 g Emmentalerkäse,
frisch gemahlener Pfeffer,
Muskat, 1 Bund Petersilie.

Zucchinischeiben in Salzwasser zwei Minuten sprudelnd kochen. Zusammen mit abgetropftem Mais und Champignonvierteln in eine gefettete ofenfeste Form geben. Crème fraîche mit Eiern und geriebenem Käse verrühren. Mit Salz, Pfeffer und Muskat abschmecken. Über das Gemüse gießen. In den Backofen schieben, auf 200 Grad/Gas Stufe 3 schalten und etwa 45 Minuten backen. Mit gehackter Petersilie bestreuen. (1 Stunde)

Dieses Rezept ist für fünf Portionen berechnet und enthält: Eiweiß: 92 g, Fett: 140 g, Kohlenhydrate: 104 g, 2286 Kalorien, pro Portion ca. 455 Kalorien

Dazu: Roggenbrot

Gemüsekuchen mit Käse

vollwertig

Teig:
200 g Buchweizenmehl, Salz,
100 g Butter,
Mehl zum Ausrollen,
Erbsen zum „Blindbacken";
Füllung:
1 Staudensellerie,
1 rote Paprikaschote,
250 g Zucchini, 40 g Butter,
2 Knoblauchzehen, Salz,
frisch gemahlener Pfeffer,
1 Becher Crème fraîche (200 g),
100 g Gorgonzolakäse.

Für den Teig Buchweizenmehl mit Salz, Butter in Flöckchen und zweieinhalb Eßlöffel Wasser verkneten. Den Teig zugedeckt eine Stunde ruhenlassen. Mit bemehlten Händen in eine Pie- oder Springform (∅ 26 cm) drücken (der Teig ist sehr weich). Mit Pergamentpapier auslegen, mit Erbsen oder anderen Hülsenfrüchten bestreuen und in den Backofen schieben. Auf 200 Grad/Gas Stufe 3 schalten und etwa 20 Minuten backen. Inzwischen Staudensellerie, Paprika und Zucchini in Stücke schneiden und in heißem Fett zehn Minuten dünsten. Mit zerdrücktem Knoblauch verrühren und mit Salz und Pfeffer abschmecken. Das Gemüse auf den vorgebackenen Teig (Pergamentpapier und Hülsenfrüchte entfernen) geben. Crème fraîche mit Käse verrühren und über das Gemüse gießen. In den Backofen schieben und bei gleicher Temperatur 30 Minuten weiterbacken. (1 Stunde)

Dieses Rezept ist für vier Portionen berechnet und enthält: Eiweiß: 55 g, Fett: 205 g, Kohlenhydrate: 190 g, 3098 Kalorien, pro Portion ca. 775 Kalorien

Dazu: Salat

Porreeauflauf

vollwertig

1 kg Porree,
Salz, 100 g Weizen,
500 g Quark (20 %),
100 g geriebener
Emmentalerkäse, 3 Eier,
1/2 Becher Schlagsahne (125 g),
frisch gemahlener Pfeffer,
Muskat, Fett für die Form,
2 Essl. Kürbiskerne.

Porree in fingerlange Stükke schneiden und fünf Minuten in Salzwasser sprudelnd kochen. Weizen fein mahlen. Quark mit 50 Gramm Käse, Eigelb und Sahne verrühren. Steifgeschlagenes Eiweiß und Weizen unterheben. Mit Salz, Pfeffer und Muskat abschmecken. Die Masse in eine gefettete ofenfeste Form füllen. Porreestücke darauf anrichten. Mit restlichem Käse und Kürbiskernen bestreuen. Mit Alufolie abdekken. In den Backofen schieben, auf 200 Grad/Gas Stufe 3 schalten und 30 Minuten backen. Form öffnen und noch 20 Minuten weiterbakken. (1 Stunde 20 Minuten)

Dieses Rezept ist für vier Portionen berechnet und enthält: Eiweiß: 143 g, Fett: 139 g, Kohlenhydrate: 132 g, 2497 Kalorien, pro Portion ca. 620 Kalorien

Dazu: Salat

Eierauflauf mit Gemüse

vollwertig

150 g Greyerzer Käse,
6 Eier, Salz,
frisch gemahlener Pfeffer,
Muskat,
3 Essl. Schlagsahne,
Fett für die Form,
2 Zucchini,
je 1 rote und grüne Paprikaschote,
3 Tomaten.

Käse reiben. Die Hälfte davon mit Eiern, Salz, Pfeffer, Muskat und Sahne verrühren. In eine gefettete ofenfeste Form gießen. Zucchini putzen, waschen und in Scheiben schneiden. Paprika putzen, waschen und in dünne Ringe schneiden. Tomaten waschen und vierteln. Das Gemüse ebenfalls in die Form geben. Form in den Backofen schieben, auf 200 Grad/Gas Stufe 3 schalten und 30 Minuten backen. Restlichen Käse darüberstreuen und 15 Minuten weiterbacken. (1 Stunde)

Dieses Rezept ist für drei Portionen berechnet und enthält: Eiweiß: 91 g, Fett: 107 g, Kohlenhydrate: 48 g, 1585 Kalorien, pro Portion ca. 530 Kalorien

Dazu: grüner Salat

Pizza mit Gorgonzola

125 g Mehl,
1 Teel. Trockenhefe,
1/2 Teel. Zucker, Salz,
3 Essl. Olivenöl,
1 Paket TK-Blattspinat (300 g),
frisch gemahlener Pfeffer,
Muskat, Fett für die Form,
200 g Tomaten, 1 Zwiebel,
80 g Gorgonzolakäse.

Mehl mit Trockenhefe, Zucker und etwas Salz mischen. Einen Eßlöffel Öl und 60 ml lauwarmes Wasser zugeben. Erst mit den Knethaken des Handrührers, dann mit den Händen zu einem geschmeidigen Teig verkneten. Zugedeckt an einem warmen Ort gehen lassen, bis sich der Teig verdoppelt hat. Aufgetauten, abgetropften Spinat mit Salz, Pfeffer und Muskat würzen. Teig auf wenig Mehl zu einem Rechteck von 28 x 20 cm ausrollen. Auf Backtrennpapier oder in eine gefettete Form legen. Spinat auf den Teig geben. Tomaten überbrühen, abziehen, entkernen und würfeln. Zusammen mit feinen Zwiebelringen auf der Pizza verteilen. Mit Gorgonzolascheiben belegen und mit dem restlichen Öl beträufeln. Im Backofen bei 200 Grad/Gas Stufe 3 etwa 35 Minuten backen.
(Ohne Wartezeit 1 Stunde)

Dieses Rezept ist für zwei Portionen berechnet und enthält: Eiweiß: 42 g, Fett: 59 g, Kohlenhydrate: 143 g, 1177 Kalorien, pro Portion ca. 590 Kalorien

Überbackener Fenchel

1 kg Fenchelknollen,
Salz,
je 75 g Parmesan- und
Greyerzer Käse,
Fett für die Form,
50 g Butter.

Fenchelknollen putzen und in Scheiben schneiden. In wenig Salzwasser acht Minuten dünsten. Abtropfen lassen. Fenchelscheiben und geriebenen Käse abwechselnd in eine gefettete flache Form legen. Mit gehacktem Fenchelgrün bestreuen und mit Butterflöckchen belegen. In den Backofen schieben, auf 225 Grad/Gas Stufe 4 schalten und etwa 20 Minuten goldgelb überbacken. (40 Minuten)

Dieses Rezept ist als Beilage für vier Portionen berechnet und enthält: Eiweiß: 64 g, Fett: 124 g, Kohlenhydrate: 72 g, 1368 Kalorien, pro Portion ca. 345 Kalorien

6 Bund Lauchzwiebeln,
3 Essl. Weizenvollkornmehl,
2 Eier,
3 Essl. Semmelbrösel,
Fett zum Ausbacken,
1 Zwiebel,
2 Essl. Butter oder Margarine,
1 Becher Crème fraîche (200 g),
Salz,
frisch gemahlener Pfeffer,
Muskatnuss, 2 Eigelb,
1/2 Bund Basilikum,
1 Bund Schnittlauch,
1 Bund Petersilie.

Fritierte Lauchzwiebeln

vollwertig

Lauchzwiebeln putzen, abspülen und noch naß zuerst in Mehl, dann in verquirltem Ei und zuletzt in Semmelbröseln wenden. Panierte Lauchzwiebeln in heißem Fett schwimmend goldbraun ausbacken. Für die Soße Zwiebelwürfel in heißem Fett glasig dünsten. Crème fraîche zugeben und mit Salz, Pfeffer und Muskat abschmecken. Den Topf von der Kochstelle nehmen und Eigelb und gehackte Kräuter unterrühren. Nicht mehr kochen lassen. Soße zu den Lauchzwiebeln servieren. (15 Minuten)

Dieses Rezept ist für vier Portionen berechnet und enthält: Eiweiß: 33 g, Fett: 131 g, Kohlenhydrate: 57 g, 1515 Kalorien, pro Portion ca. 380 Kalorien

DAZU: SALAT

Grünkernklöße mit Linsengemüse

vollwertig

75 g Grünkern,
60 g Butter, 1 Ei, Salz,
frisch gemahlener Pfeffer,
1 Töpfchen Kerbel
(ersatzweise 1 Teel. getrockneter),
1/2 l Brühe (Instant),
1 grosse Zwiebel,
1 Stange Porree,
1 Essl. milder Curry,
1 rote Paprikaschote,
1 Dose Linsen
(Einwaage 530 g).

Grünkern fein mahlen. Einen Achtelliter Wasser mit 30 Gramm Butter aufkochen. Grünkern hineinschütten. Rühren, bis sich ein fester Kloß vom Topfboden löst. Abkühlen lassen. Ei zugeben und mit Salz, Pfeffer und gehacktem Kerbel abschmecken. 15 Klößchen formen und in Brühe 15 Minuten garen. Zwiebel- und Porreeringe in restlicher Butter andünsten. Curry darüberstreuen. Paprikawürfel und Linsen zugeben und fünf Minuten kochen lassen. Mit Salz und Pfeffer abschmekken. (45 Minuten)

Dieses Rezept ist für drei Portionen berechnet und enthält: Eiweiß: 70 g, Fett: 62 g, Kohlenhydrate: 186 g, 1714 Kalorien, pro Portion ca. 570 Kalorien

Reiskroketten mit süß-saurem Gemüse

200 g gekochter Rundkornreis,
40 g Parmesankäse,
2 Eigelb,
40 g Semmelbrösel,
200 g grüne Bohnen,
250 g Möhren,
250 g Spargel (evtl. anderes Gemüse der Jahreszeit),
Fett zum Ausbacken;
2 Essl. Öl, Salz, 1 Zitrone,
2 Essl. Ahornsirup,
1 Prise Ingwerpulver.

Reis mit geriebenem Käse und Eigelb vermischen. Mit feuchten Händen aus dem Reis kleine Bällchen formen. In Semmelbröseln wenden und etwa 30 Minuten im Kühlschrank fest werden lassen. Bohnen und Möhren putzen, Spargel schälen. Gemüse in kleine Stücke schneiden. Fritierfett erhitzen. Die Temperatur ist richtig, wenn an einem in das Fett getauchten Holzlöffelstiel kleine Blasen aufsteigen. Je nach Größe des Topfes ein Teil der Kroketten in das Fett geben und goldgelb ausbacken. Warm stellen. In einer großen Pfanne daneben das Öl erhitzen. Gemüse zugeben und unter Rühren etwa sechs bis acht Minuten braten. Salzen. Zitronensaft mit Ahornsirup und Ingwer verrühren. Über das Gemüse geben und vermischen. Mit den Reiskroketten servieren. (1 Stunde)

Dieses Rezept ist für drei Portionen berechnet und enthält: Eiweiß: 45 g, Fett: 40 g, Kohlenhydrate: 55 g, 1392 Kalorien, pro Portion ca. 465 Kalorien

Porreesalat mit Burghul

150 g Burghul (Weizenschrot),
500 g Porree,
1/4 l Brühe (Instant),
2 Bund Petersilie,
1/2 Zitrone,
5 Essl. Öl, Salz,
frisch gemahlener Pfeffer,
1 Essl. Sesamsaat,
2 hartgekochte Eier.

Burghul mit einem halben Liter Wasser aufkochen und 40 Minuten quellen lassen. Abtropfen lassen, in ein Küchentuch geben und gut ausdrücken. Porreeringe in der Brühe zwei Minuten kochen. Abtropfen lassen, dabei die Brühe auffangen. Porree mit Burghul und Petersilienblättchen mischen. Zwei Eßlöffel Porreebrühe (restliche Brühe anderweitig verwenden) mit Zitronensaft und Öl verschlagen. Mit Salz und Pfeffer kräftig abschmecken. Die Soße über den Salat gießen und vorsichtig unterheben. Mit Sesam bestreuen. Den Salat mit Eierscheiben garniert servieren. (Ohne Wartezeit 20 Minuten)

Dieses Rezept ist für vier Portionen berechnet und enthält: Eiweiß: 41 g, Fett: 80 g, Kohlenhydrate: 132 g, 1426 Kalorien, pro Portion ca. 360 Kalorien

Dazu: Tomatensalat

Paprikaschoten mit Buchweizen

vollwertig

125 g Buchweizen,
20 g Butter oder Margarine,
1 l Brühe (Instant), 2 Eier,
100 g Emmentaler Käse,
2 Bund Petersilie,
Salz, Edelsüss-Paprika,
4 Paprikaschoten,
1/2 Becher
Crème fraîche (100 g).

Buchweizen in heißem Fett anrösten. Einen halben Liter Brühe zugießen und im geschlossenen Topf bei kleiner Hitze 25 Minuten garen. Eier, geriebenen Käse und ein Bund gehackte Petersilie unterrühren und mit Salz und Paprika abschmecken. Von den Paprikaschoten einen Deckel abschneiden. Schoten entkernen und mit dem Buchweizen füllen. Deckel aufsetzen und den Paprika in eine ofenfeste Form setzen. Restliche Brühe zugießen. Form in den Backofen schieben, auf 200 Grad/Gas Stufe 3 schalten und 50 Minuten garen. Die Brühe in einen Topf gießen und offen um die Hälfte einkochen. Crème fraîche zugeben. Mit Salz abschmecken und restliche gehackte Petersilie unterrühren. Soße zu den Paprikaschoten servieren. (1 Stunde 40 Minuten)

Dieses Rezept ist für vier Portionen berechnet und enthält: Eiweiß: 61 g, Fett: 85 g, Kohlenhydrate: 234 g, 1908 Kalorien, pro Portion ca. 475 Kalorien

Dazu: Salat

Porreesalat mit Burghul

Paprikaschoten mit Buchweizen

Gefüllte Gurken mit Linsen

vollwertig

250 g Möhren, 3 Zwiebeln,
2 Essl. Öl,
1/2 l Brühe (Instant),
1 Dose Linsen
(Einwaage 580 g),
1 Bund Petersilie, Salz,
frisch gemahlener Pfeffer,
1/2 Essl. Essig,
3 Schmorgurken à 500 g,
75 g frisch geriebener Käse
(z. B. Gouda oder Emmentaler),
1/2 Becher Schlagsahne (100 g),
1 Teel. Sossenbinder.

Möhren schälen, der Länge nach halbieren und in Scheiben schneiden. Zwiebeln abziehen, würfeln und in heißem Öl glasig dünsten. Möhren und eine halbe Tasse Brühe zugeben. Im geschlossenen Topf 10 Minuten garen. Abgetropfte Linsen und gehackte Petersilie untermischen. Mit Salz, Pfeffer und Essig abschmecken. Gurken waschen und der Länge nach halbieren. Kerne mit einem Löffel herauslösen. Gurken salzen, mit den Linsen füllen und in eine ofenfeste Form oder in die Fettpfanne des Backofens setzen. Restliche Brühe zugießen. In den Backofen schieben, auf 200 Grad/ Gas Stufe 3 schalten und etwa 40 Minuten garen. Mit Käse bestreuen und noch etwa fünf Minuten überbacken, bis der Käse zerlaufen ist. Brühe in einen Topf gießen und offen um die Hälfte einkochen. Sahne zugeben und aufkochen lassen. Soßenbinder einrühren. Salzen und pfeffern. Soße zu den Gurken servieren. (1 Stunde)

Dieses Rezept ist für drei Portionen berechnet und enthält: Eiweiß: 49 g, Fett: 84 g, Kohlenhydrate: 101 g, 1684 Kalorien, pro Portion ca. 560 Kalorien

Gerstenfrikadellen

vollwertig

200 g Gerstenschrot,
40 g Butter,
400 ml Gemüsebrühe (Instant),
2 Lauchzwiebeln, 1 Ei,
2 Essl. Vollkornsemmelbrösel,
Salz,
frisch gemahlener Pfeffer,
4 Essl. Öl, 2 Zwiebeln,
je 2 rote und gelbe
Paprikaschoten,
1/8 l Weisswein
(ersatzweise Brühe),
1 Zweig Basilikum.

Gerste in 20 Gramm heißer Butter andünsten. Brühe zugießen und 20 Minuten bei kleiner Hitze ausquellen lassen. Dabei ab und zu umrühren. Lauchzwiebelringe in restlicher Butter andünsten. Zusammen mit dem Ei und Semmelbröseln unter die Gerste rühren. Mit Salz und Pfeffer abschmecken. Aus dem Teig acht Frikadellen formen. In heißem Öl bei mittlerer Hitze von jeder Seite vier Minuten braten. Frikadellen warm stellen. Zwiebelviertel und kleine Paprikawürfel im Bratfett andünsten. Wein zugießen und fünf Minuten schmoren. Mit Salz und Pfeffer abschmecken. Frikadellen auf dem Gemüse anrichten. Mit Basilikum garnieren. (Ohne Wartezeit 45 Minuten)

Dieses Rezept ist für vier Portionen berechnet und enthält: Eiweiß: 44 g, Fett: 94 g, Kohlenhydrate: 198 g, 1880 Kalorien, pro Portion ca. 470 Kalorien

Linsenfrikadellen

1 Dose Linsen mit Suppengrün (Einwaage 400 g),
2 Zwiebeln,
1 Päckchen TK-Kräutermischung,
1 Ei, 60 g Mehl,
3 Essl. Haferflocken, Salz,
frisch gemahlener Pfeffer,
3 Essl. Öl,
1 Paket Kräuterfrischkäse (200 g).

Die Linsen im offenen Topf bei mittlerer Hitze unter ständigem Rühren acht Minuten kochen. Abkühlen lassen und über Nacht zugedeckt in den Kühlschrank stellen. Zwiebeln fein würfeln, mit der Kräutermischung, Ei, Mehl und Haferflocken zu den Linsen geben und verrühren. Mit Salz und Pfeffer kräftig abschmecken. Aus der Mischung mit angefeuchteten Händen acht Frikadellen formen. In heißem Öl von jeder Seite drei bis vier Minuten braten. Herausnehmen und warm stellen. Frischkäse zum Bratfett geben und aufkochen. Eventuell mit Salz und Pfeffer nachwürzen. Soße zu den Frikadellen servieren. (Ohne Wartezeit 25 Minuten)

Dieses Rezept ist für vier Portionen berechnet und enthält: Eiweiß: 110 g, Fett: 107 g, Kohlenhydrate: 204 g, 2432 Kalorien, pro Portion ca. 610 Kalorien

Dazu: grüne Bohnen

Kohlrouladen mit Reisfüllung

vollwertig

125 G NATURREIS, SALZ,
1 KLEINER WIRSINGKOHL,
50 G SESAMSAAT,
125 G GOUDAKÄSE,
1 BUND PETERSILIE,
CAYENNEPFEFFER,
30 G BUTTER ODER MARGARINE,
1/8 L GEMÜSEBRÜHE (INSTANT),
1 BECHER SCHLAGSAHNE (200 G).

Reis in einem Viertelliter Salzwasser etwa 30 Minuten kochen. Vom Kohl sechs große Blätter ablösen. In sprudelndes Salzwasser geben und zwei Minuten kochen lassen. 100 Gramm Kohl in Streifen schneiden und im Salzwasser zwei Minuten kochen. Abtropfen lassen (restlichen Kohl anderweitig verwenden). Sesam in einer Pfanne ohne Fett hellbraun rösten. Reis mit geriebenem Käse, Kohlstreifen, Sesam und gehackter Petersilie mischen. Mit Salz und Cayennepfeffer kräftig abschmecken. Reis auf die Kohlblätter verteilen. Aufrollen und mit Holzspießchen zusammenstecken. In heißem Fett rundherum leicht anbraten. Brühe zugießen und im geschlossenen Topf 20 Minuten schmoren. Kohlrouladen herausnehmen und warm stellen. Sahne zugießen und im offenen Topf cremig einkochen lassen. (1 Stunde)

Dieses Rezept ist für drei Portionen berechnet und enthält: Eiweiß: 75 g, Fett: 156 g, Kohlenhydrate: 137 g, 2307 Kalorien, pro Portion ca. 770 Kalorien

Chinakohlrollen mit Tofu

vollwertig

1 Chinakohl, Salz,
75 g Erdnüsse, 250 g Tofu,
2 Essl. Sojasosse,
2 Eigelb, 1/2 Zitrone,
1/8 l Gemüsebrühe (Instant).

Vom Chinakohl acht große Blätter ablösen (restlichen Kohl anderweitig verwenden). Kohlblätter in reichlich sprudelndes Salzwasser geben und drei Minuten kochen lassen. Abtropfen lassen. Erdnüsse in einer Pfanne ohne Fett anrösten und hakken. Zerbröckelten Tofu mit Sojasoße, Eigelb und der Hälfte Erdnüsse verrühren. Mit wenig Salz abschmecken. Jeweils zwei Kohlblätter aufeinanderlegen und die Füllung darauf verteilen. Aufrollen und mit Holzspießchen zusammenstecken. Rollen in eine ofenfeste Form legen. Mit Zitronenscheiben belegen und mit restlichen Nüssen bestreuen. Brühe zugießen und in den Backofen schieben. Auf 200 Grad/Gas Stufe 3 schalten und 35 Minuten garen. (1 Stunde)

Dieses Rezept ist für zwei Portionen berechnet und enthält: Eiweiß: 26 g, Fett: 33 g, Kohlenhydrate: 24 g, 665 Kalorien, pro Portion ca. 30 Kalorien

Dazu: Reis

3 Zwiebeln,
1/2 Staudensellerie,
2 Essl. Öl, 2 Äpfel,
3 Knoblauchzehen,
1 Essl. milder Curry,
200 g rote Linsen,
1/2 l Gemüsebrühe (Instant),
frisch gemahlener Pfeffer,
Salz, Korianderpulver,
1/2 Becher saure Sahne (75 g),
4 kleine Bananen,
30 g Butter.

Linsen-Curry

vollwertig

Zwiebel- und Sellerieringe drei Minuten in heißem Öl andünsten. Apfelstücke, zerdrückten Knoblauch und Curry zugeben. Linsen abspülen, abtropfen lassen und mit der Brühe zum Gemüse geben. Bei kleiner Hitze 10 bis 15 Minuten kochen. Die Flüssigkeit muß fast von den Linsen aufgenommen worden sein. Mit Pfeffer, Salz und einer Messerspitze Korianderpulver abschmekken. Saure Sahne unterrühren. Die geschälten Bananen in heißer Butter goldbraun braten. Bananen auf dem Linsen-Curry anrichten.
(30 Minuten)

Dieses Rezept ist für vier Portionen berechnet und enthält: Eiweiß: 62 g, Fett: 60 g, Kohlenhydrate: 301 g, 1975 Kalorien, pro Portion ca. 494 Kalorien

DAZU: SOJANUDELN

Schafkäse-Pie

1 Paket TK-Blätterteig (300 g),
1/2 Paket
TK-8-Kräutermischung (25 g),
40 g Mehl, 40 g Butter,
1/4 l Milch,
500 g Schafkäse, Salz,
frisch gemahlener Pfeffer,
5 Eier.

Blätterteigscheiben nebeneinanderlegen und mit Kräutern bestreuen. Auftauen lassen. Mehl in heißer Butter andünsten. Milch unterrühren, aufkochen. Zerbröckelten Käse unterrühren. Mit Salz und Pfeffer abschmekken. Ein Ei trennen. Eiweiß und restliche Eier unter die abgekühlte Käsemasse geben. Blätterteigscheiben übereinanderlegen und zu einem Viereck ausrollen. Eine ofenfeste Form (etwa 20 x 28 cm) mit kaltem Wasser ausspülen. Teig lose in die Form geben, dabei den Rand überlappen lassen. Käse in die Form füllen. Den überhängenden Teig darüberklappen. In den Backofen schieben. Auf 200 Grad/Gas Stufe 3 schalten und 50 Minuten backen. Nach 15 Minuten die Teigoberfläche mit dem restlichen verschlagenen Eigelb bestreichen.
(1 Stunde 30 Minuten)

Dieses Rezept ist für acht Portionen berechnet und enthält: Eiweiß: 175 g, Fett: 330 g, Kohlenhydrate: 153 g, 4437 Kalorien, pro Portion ca. 555 Kalorien

Dazu: Tomatensalat

Überbackene Kartoffelpuffer mit Gemüse

1 Paket TK-Kartoffelpuffer
(300 g),
300 g Spinat, 400 g Möhren,
400 g Kohlrabi,
2 Essl. Öl,
Fett für die Form,
Salz,
1 Paket körniger Frischkäse
(200 g),
1 Bund Petersilie,
1 Bund Schnittlauch,
2 Eier,
frisch gemahlener Pfeffer,
1 Prise gemahlene Nelken.

Kartoffelpuffer auftauen lassen. Spinat verlesen und gründlich waschen. In einen Topf geben und bei großer Hitze zusammenfallen lassen. Möhren und Kohlrabi schälen und in Scheiben schneiden. In heißem Öl etwa zehn Minuten dünsten. Den abgetropften Spinat in eine gefettete ofenfeste Form geben. Kartoffelpuffer, Möhren und Kohlrabi darauf verteilen. Salzen. Frischkäse mit gehackten Kräutern und Eiern verrühren. Mit Salz, Pfeffer und Nelken abschmecken. Die Soße über das Gemüse füllen. Form verschließen und in den Backofen schieben. Auf 200 Grad/Gas Stufe 3 schalten und 35 Minuten garen.
(1 Stunde)

Dieses Rezept ist für drei Portionen berechnet und enthält: Eiweiß: 65 g, Fett: 70 g, Kohlenhydrate: 136 g, 1473 Kalorien, pro Portion ca. 490 Kalorien

Dazu: Salat

Schafkäse-Pie

Überbackene Kartoffelpuffer mit Gemüse

Kartoffeln in Kerbelsoße

vollwertig

1 kg kleine festkochende Kartoffeln,
Salz,
50 g Weizenvollkornmehl,
60 g Butter oder Margarine,
1 l Milch,
1 Paket TK-Erbsen (300 g),
frisch gemahlener Pfeffer,
etwa 1 Eßl. Instant-Brühe,
1/2 Zitrone,
1 Handvoll Kerbel,
evtl. 50 g Parmesankäse.

Kartoffeln ungeschält in Salzwasser 20 Minuten kochen. Inzwischen Mehl in heißem Fett andünsten. Milch unter ständigem Rühren nach und nach zugießen und aufkochen lassen. Erbsen zugeben. Bei kleiner Hitze fünf Minuten kochen, dabei ab und zu umrühren. Mit Salz, Pfeffer, Brühe und Zitronensaft kräftig abschmecken. Von den Kartoffeln die Schale abziehen. Kartoffeln halbieren oder vierteln. Kartoffelstücke und Kerbel unter die Soße rühren. Zum Essen mit geriebenem Käse bestreuen.
(40 Minuten)

Dieses Rezept ist für vier Portionen berechnet und enthält: Eiweiß: 94 g, Fett: 102 g, Kohlenhydrate: 275 g, 2436 Kalorien, pro Portion ca. 610 Kalorien

Dazu: Möhrenrohkost

Auberginen in Tomatensoße

500 g Auberginen,
Salz, 4 Eßl. Olivenöl,
2 Zwiebeln,
2 Knoblauchzehen,
1 kleine Dose Tomaten,
frisch gemahlener Pfeffer,
1/2 Bund Petersilie.

Auberginen in daumendicke Würfel schneiden, salzen und 20 Minuten stehenlassen. Trockentupfen. In heißem Öl rundherum braun braten. Aus der Pfanne nehmen. Zwiebelwürfel und zerdrückten Knoblauch in die Pfanne geben, bei mittlerer Hitze unter Rühren fünf Minuten braten. Tomaten mit der Flüssigkeit durch ein Sieb streichen. In die Pfanne gießen und bei großer Hitze sämig einkochen lassen. Auberginen zufügen und alles mit Salz und Pfeffer abschmecken. Mit Petersilienblättchen bestreut servieren. Schmeckt heiß und kalt.
(40 Minuten)

Dieses Rezept ist als Vorspeise für vier Portionen berechnet und enthält: Eiweiß: 12 g, Fett: 48 g, Kohlenhydrate: 45 g, 700 Kalorien, pro Portion ca. 175 Kalorien

Dazu: Vollkorn-Baguette

Auberginen mit Weizenfüllung

vollwertig

150 g Weizenkörner,
2 Zwiebeln, 20 g Butter,
1 Becher Schlagsahne (200 g),
2 grosse Auberginen,
Salz, Zimt,
gemahlener Koriander,
frisch gemahlener Pfeffer,
2 Essl. Senf,
1 Bund Lauchzwiebeln.

Weizen über Nacht in kaltem Wasser einweichen. Am nächsten Tag abtropfen lassen und mit Zwiebelwürfeln in heißer Butter andünsten. Sahne zugießen und zugedeckt bei kleinster Hitze 20 Minuten ausquellen lassen. Inzwischen jede Aubergine längs in fünf Scheiben schneiden. Salzen und 15 Minuten stehenlassen. Weizen mit etwas Zimt, Koriander, Salz und Pfeffer würzen. Auberginen abspülen, trokkentupfen und dünn mit Senf bestreichen. Lauchzwiebeln in feine Ringe schneiden. Unter den Weizen rühren. Weizen und die Auberginenscheiben abwechselnd schuppenförmig in eine ofenfeste Form schichten. In den Backofen schieben. Auf 200 Grad/Gas Stufe 3 schalten und etwa 45 Minuten backen. (Ohne Wartezeit 1 Stunde 20 Minuten)

Dieses Rezept ist für vier Portionen berechnet und enthält: Eiweiß: 31 g, Fett: 81 g, Kohlenhydrate: 178 g, 1689 Kalorien, pro Portion ca. 425 Kalorien

Dazu: grüner Salat

Marinierte Auberginen

vollwertig

2 Auberginen à etwa 200 g,
8 Essl. Olivenöl,
2 Knoblauchzehen,
Salz, 2 Zwiebeln,
einige Rosmarinnadeln,
150 g Vollkornreis,
knapp 1/2 l Gemüsebrühe
(Instant),
4 Sardellenfilets,
1 Fleischtomate,
10 schwarze Oliven,
1/2 Bund Oregano,
1 Essl. Weissweinessig.

Auberginen waschen, halbieren und mit einem Teelöffel das Fruchtfleisch auslösen. Einen halben Zentimeter dicken Rand stehenlassen. Sechs Eßlöffel Öl, zerdrückten Knoblauch und Salz verrühren. Auberginen damit bestreichen. Auf ein Backblech legen. In den Backofen schieben, auf 225 Grad/Gas Stufe 4 schalten und 30 Minuten backen. Fruchtfleisch der Auberginen würfeln. Mit Zwiebelwürfeln, Rosmarin und Reis in restlichem Öl glasig dünsten. Brühe zugeben und im geschlossenen Topf bei kleiner Hitze 20 Minuten garen. Reis etwas abkühlen lassen. Mit gehackten Sardellen, Tomatenwürfeln, Olivenstreifen, Oreganoblättchen, Essig und restlichem Knoblauchöl verrühren. Auberginen damit füllen und servieren. (45 Minuten)

Dieses Rezept ist für zwei Portionen berechnet und enthält: Eiweiß: 26 g, Fett: 99 g, Kohlenhydrate: 142 g, 1560 Kalorien, pro Portion ca. 780 Kalorien

Dazu: grüner Salat

Überkrustete Selleriescheiben

vollwertig

1 Sellerieknolle (etwa 800 g),
Salz, 1 Zitrone,
1 Teel. Zucker,
Fett für die Form,
2 Fleischtomaten (etwa 400 g),
2 Scheiben Roggentoast,
100 g Emmentalerkäse,
1 Paket
TK-8-Kräutermischung,
frisch gemahlener Pfeffer,
30 g Butter.

Sellerie in zwei Zentimeter dicke Scheiben schneiden, schälen. In etwa einem Liter Salzwasser mit Zitronensaft und Zucker zehn Minuten kochen. Abtropfen lassen. Sellerie in eine gefettete Auflaufform geben. Mit Tomatenscheiben belegen. Brot toasten, zerkrümeln, mit geriebenem Käse, Kräutern, Salz und Pfeffer mischen. Auf das Gemüse streuen. Flüssige Butter darübergießen. In den Backofen schieben. Auf 225 Grad/Gas Stufe 4 schalten und etwa 30 Minuten backen. (1 Stunde)

Dieses Rezept ist für vier Portionen berechnet und enthält: Eiweiß: 46 g, Fett: 76 g, Kohlenhydrate: 101 g, 1306 Kalorien, pro Portion ca. 350 Kalorien

6 rote Bete, Salz,
1 Knoblauchzehe,
1 Becher saure Sahne (150 g),
2 Zweige Majoran (ersatzweise
1 Teel. getrockneter),
200 g Schafkäse,
frisch gemahlener Pfeffer,
etwa 1 Essl. geriebener
Meerrettich (aus dem Glas),
Fett für die Form.

Gefüllte rote Bete

vollwertig

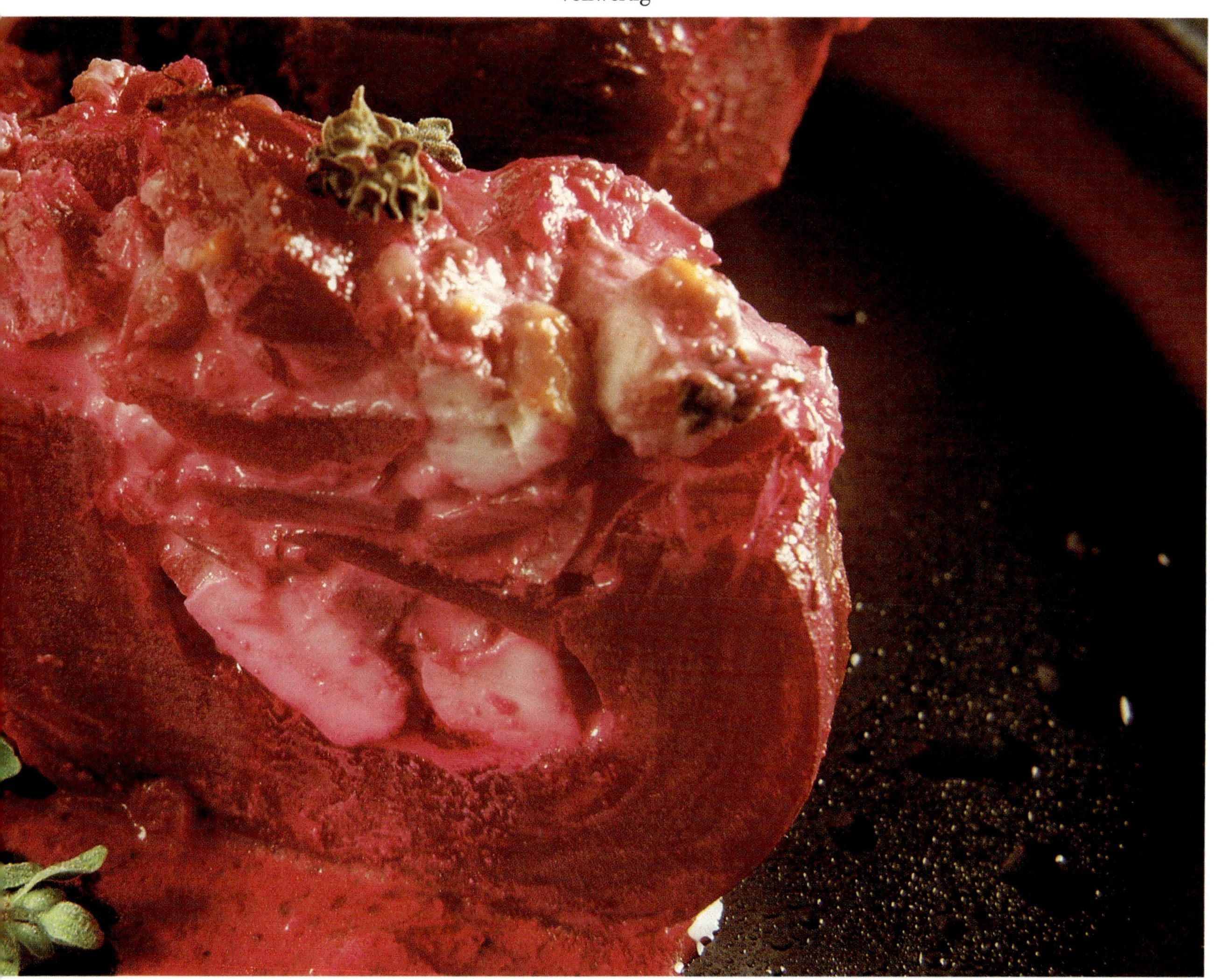

Rote Bete mit Schale 45 Minuten in Salzwasser kochen. Mit kaltem Wasser abspülen, Schale abziehen und von den roten Beten einen Deckel abschneiden. Die Knollen mit einem Löffel aushöhlen. Fruchtfleisch würfeln und mit zerdrücktem Knoblauch, saurer Sahne, Majoranblättchen und zerbröckeltem Schafkäse mischen. Mit Salz, Pfeffer und Meerrettich abschmecken. In die rote Bete füllen. In eine gefettete ofenfeste Form geben und in den Backofen schieben. Auf 200 Grad/Gas Stufe 3 schalten und 35 Minuten backen. (1 Stunde 30 Minuten)

Dieses Rezept ist für sechs Portionen berechnet und enthält: Eiweiß: 55 g, Fett: 68 g, Kohlenhydrate: 137 g, 1505 Kalorien, pro Portion ca. 250 Kalorien

DAZU: BRATKARTOFFELN

Gewürzter Blumenkohl

vollwertig

1 Blumenkohl,
1 Teel. schwarze Pfefferkörner,
2 Sternanis (gibt's in der Apotheke),
1 Teel. Kreuzkümmel,
2 Knoblauchzehen,
20 g Butter oder Margarine,
Salz, 1/8 l Tomatensaft,
2 Eßl. Schlagsahne,
2 Fleischtomaten,
1/2 Bund Petersilie.

Blumenkohl in Röschen teilen. Pfefferkörner, Sternanis, Kreuzkümmel und abgezogene Knoblauchzehen im Mörser zerdrücken. Blumenkohl in heißem Fett bei mittlerer Hitze andünsten. Mit Salz und der Gewürzmischung bestreuen. Tomatensaft, Schlagsahne, abgezogene Tomatenstücke und abgezupfte Petersilienblättchen zufügen und im geschlossenen Topf 15 Minuten dünsten. Mit Salz abschmecken. (25 Minuten)

Dieses Rezept ist für drei Portionen berechnet und enthält: Eiweiß: 18 g, Fett: 18 g, Kohlenhydrate: 42 g, 490 Kalorien, pro Portion ca. 160 Kalorien

Dazu: Pellkartoffeln

Gefüllte Tomaten

vollwertig

3/4 l Brühe (Instant),
120 g Dreikorngrütze,
250 g Champignons (oder andere frische Pilze),
6 Fleischtomaten, Salz,
Pfeffer, 1 Bund Basilikum,
1 Päckchen Frischkäse (62,5 g),
100 g geriebener Emmentaler Käse.

Brühe aufkochen. Grütze einrühren, einmal aufkochen lassen. Pilze putzen, waschen und in dünne Scheiben schneiden. Von den Tomaten einen Deckel abschneiden. Tomaten mit einem Teelöffel aushöhlen. Innen salzen und pfeffern. Mit Basilikumblättchen auslegen. Von der gequollenen Grütze vier Eßlöffel abnehmen und mit zerbröckeltem Frischkäse und einem Viertel der Champignons vermischen. Mit Salz und Pfeffer abschmecken. In die Tomaten füllen. Den Deckel darauflegen. Restliche Pilze mit der Grütze und dem Tomateninneren vermischen und abschmecken. In eine ofenfeste Form füllen. Die Tomaten in die Grütze setzen und alles mit Käse bestreuen. In den Backofen schieben, auf 250 Grad/Gas Stufe 5 schalten, 20 Minuten überbacken.
(1 Stunde 30 Minuten)

Dieses Rezept ist für drei Portionen berechnet und enthält: Eiweiß: 47 g, Fett: 40 g, Kohlenhydrate: 62 g, 857 Kalorien, pro Portion ca. 360 Kalorien

Dazu: Salat

Spargel mit Kräuter-Rahmsoße

vollwertig

1 kg Spargel, Salz,
50 g Schalotten
(oder kleine Zwiebeln),
1 Handvoll Kerbel,
30 g Butter,
1 Becher Schlagsahne (250 g),
2 Essl. Crème fraîche,
1 Eigelb,
frisch gemahlener Pfeffer,
etwas Zitronensaft.

Spargelstangen waschen und sorgfältig schälen. Die unteren holzigen Enden abschneiden. Spargel in wenig Salzwasser 20 Minuten kochen. Schalotten abziehen und fein würfeln. Kerbel verlesen, waschen, mit Küchenkrepp trockentupfen und hacken. Schalotten in heißer Butter glasig dünsten. Sahne zugießen und im offenen Topf cremig einkochen lassen. Crème fraîche, Eigelb und Kerbel unterrühren. Nicht mehr kochen lassen. Die Soße mit Salz, Pfeffer und Zitronensaft abschmekken. Zum abgetropften Spargel servieren. (45 Minuten)

Dieses Rezept ist für drei Portionen berechnet und enthält: Eiweiß: 26 g, Fett: 123 g, Kohlenhydrate: 37 g, 1399 Kalorien, pro Portion ca. 466 Kalorien

Dazu: neue Kartoffeln

Überbackener Spargel

1,5 kg grüner und weißer Spargel,
Salz, Zucker, 80 g Butter,
2 Schalotten,
5 Essl. Weißwein (ersatzweise 2 Essl. Zitronensaft),
1 Essl. körniger Senf,
75 g Parmesankäse,
2 Essl. Schlagsahne,
frisch gemahlener Pfeffer.

Spargel schälen, dabei die holzigen Endstücke abschneiden. Spargel in Salzwasser mit einer Prise Zucker und einem Teelöffel Butter 15 Minuten kochen. Herausnehmen und abtropfen lassen. Schalottenwürfel in restlicher heißer Butter andünsten. Mit Weißwein, Senf, geriebenem Parmesan, Sahne, Salz und Pfeffer verrühren. Spargel in eine ofenfeste Form legen und mit der Soße begießen. Unter dem vorgeheizten Grill fünf Minuten überbacken, bis sich eine goldgelbe Kruste gebildet hat. (45 Minuten)

Dieses Rezept ist für drei Portionen berechnet und enthält: Eiweiß: 58 g, Fett: 98 g, Kohlenhydrate: 33 g, 1160 Kalorien, pro Portion ca. 390 Kalorien

Dazu: neue Kartoffeln

Kartoffelpuffer mit Käse

vollwertig

1 kg mehlig festkochende Kartoffeln,
1 Zwiebel, 1 Ei,
1 Essl. saure Sahne, Salz,
frisch gemahlener Pfeffer,
8 Essl. Öl, 3 Fleischtomaten,
200 g Gouda- oder Edamer Käse.

Kartoffeln und Zwiebel raffeln. Mit Ei und saurer Sahne verrühren. Mit Salz und Pfeffer würzen. Jeweils etwas Öl in einer Pfanne erhitzen und aus der Masse nacheinander zehn Puffer backen. Die Hälfte der Puffer mit Tomatenscheiben und Käse belegen. Salzen und pfeffern. Mit restlichen Puffern abdecken. Im Backofen unter dem vorgeheizten Grill oder bei 250 Grad/Gas Stufe 5 überbacken, bis der Käse zerlaufen ist. (40 Minuten)

Dieses Rezept ist für fünf Portionen berechnet und enthält: Eiweiß: 79 g, Fett: 163 g, Kohlenhydrate: 88 g, 2554 Kalorien, pro Portion ca. 510 Kalorien

Dazu: Salat

Spargel mit Sahnekartoffeln

vollwertig

1 kg Spargel,
500 g neue Kartoffeln,
250 g Tomaten,
Salz, Zucker,
1 Becher Schlagsahne (200 g),
1 Essl. Tomatenmark,
frisch gemahlener Pfeffer,
1 Topf Brunnenkresse
(ersatzweise normale Kresse).

Spargel schälen und die holzigen Enden abschneiden. Kartoffeln schälen und in Viertel schneiden. Tomaten mit kochendem Wasser überbrühen, enthäuten und vierteln. Spargel in einem dreiviertel Liter Salzwasser mit einer Prise Zucker 20 Minuten kochen. Kartoffeln in wenig Salzwasser 15 Minuten kochen. Kartoffeln abtropfen lassen und mit den Tomatenvierteln vermischen. Kurz erwärmen. Sahne im offenen Topf bei mittlerer Hitze unter Rühren auf die Hälfte einkochen lassen. Mit Tomatenmark, Salz, Pfeffer und einer Prise Zucker abschmecken. Spargel abtropfen lassen und auf einer Platte zusammen mit dem Kartoffel-Tomatengemüse anrichten. Abgeschnittene Brunnenkresse auf den Spargel geben. Sahnesoße über die Kartoffeln gießen.
(40 Minuten)

Dieses Rezept ist für drei Portionen berechnet und enthält: Eiweiß: 22 g, Fett: 60 g, Kohlenhydrate: 104 g, 1110 Kalorien, pro Portion ca. 370 Kalorien

Sesampfannkuchen mit Wirsing

vollwertig

1/4 l Milch,
100 g Weizen,
3 Essl. Sesamsaat, Salz,
1 Wirsingkohl (800 g),
30 g Butter oder Margarine,
1 Becher Schlagsahne (250 g),
120 g Blauschimmelkäse
(z. B. Roquefort, Gorgonzola,
Stilton),
frisch gemahlener Pfeffer,
1 Prise Muskat,
4 Eier, 1 Bund Petersilie,
40 g Butterschmalz.

Einen Viertelliter Wasser mit Milch, fein gemahlenem Weizen, Sesam und Salz verrühren. 30 Minuten ruhenlassen. Wirsingstreifen in siedendem Salzwasser eine Minute kochen. Abgießen und abtropfen lassen. In heißem Fett andünsten. Sahne mit zerkrümeltem Käse, Pfeffer und Muskat verrühren. Zum Wirsing geben. Eigelb einzeln unter den Pfannkuchenteig rühren. Gehackte Petersilie und steifgeschlagenes Eiweiß unterziehen. Butterschmalz in einer Pfanne erhitzen. Für jeden Pfannkuchen eine Kelle Teig in die Pfanne geben und nacheinander acht kleine Pfannkuchen von jeder Seite etwa drei Minuten backen. Herausnehmen und warm stellen. Inzwischen Wirsing und Sahne bei großer Hitze ca. 5 Minuten einkochen lassen. Den Sahne-Wirsing auf vier Pfannkuchen verteilen und mit je einem zweiten abdecken.

(Ohne Wartezeit 1 Stunde 20 Minuten)

Dieses Rezept ist für vier Portionen berechnet und enthält: Eiweiß: 104 g, Fett: 236 g, Kohlenhydrate: 104 g, 3095 Kalorien, pro Portion ca. 775 Kalorien

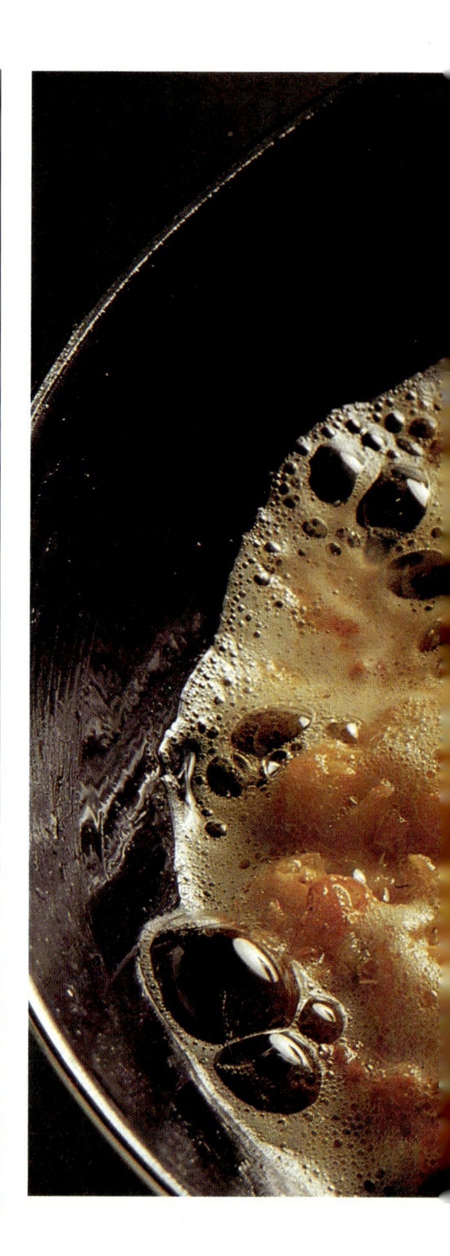

1 kleine Steckrübe
(etwa 300 g),
1/2 Fenchelknolle (130 g),
2 mehlig kochende Kartoffeln,
2 Eier, 2 Essl. Maismehl,
Salz,
1 Messerspitze Cayennepfeffer,
1 Becher Crème fraîche (200 g),
4 Essl. Öl,
1 Essl. geriebener Meerrettich,
1/2 Zitrone.

Steckrüben-Küchlein

vollwertig

Steckrübe, Fenchel und Kartoffeln auf der Rohkostreibe raffeln. Mit Eiern, Maismehl, Gewürzen und zwei Eßlöffel Crème fraîche verrühren. Öl in einer großen Pfanne erhitzen. Bei kleiner Hitze nacheinander zwölf kleine Küchlein von jeder Seite etwa zehn Minuten backen. Restliche Crème fraîche mit Meerrettich verrühren. Mit Salz und Zitronensaft abschmecken. Zu den Steckrüben-Küchlein servieren. (45 Minuten)

Dieses Rezept ist für vier Portionen berechnet und enthält: Eiweiß: 26 g, Fett: 76 g, Kohlenhydrate: 75 g, 1142 Kalorien, pro Portion ca. 395 Kalorien

DAZU: SALAT

Omelett mit Schafkäse und Minze

vollwertig

5 Eier, Salz,
frisch gemahlener Pfeffer,
4 Essl. Schlagsahne,
1 Teel. Speisestärke,
2 Essl. Öl,
100 g Schafkäse,
1 Glas schwarze Oliven
(Einwaage 85 g),
2 Stiele Minze.

Eiweiß steif schlagen. Eigelb mit Salz, Pfeffer, Sahne und Speisestärke verrühren. Unter den Eischnee ziehen. Einen Eßlöffel Öl in einer Pfanne erhitzen. Die Hälfte des Eies hineingießen. Zwei bis drei Minuten zugedeckt stocken lassen. Die Hälfte des zerbröckelten Schafkäses daraufgeben. Omelett zusammenklappen, wenden und noch einmal kurz stokken lassen. Das zweite Omelett im restlichen Öl ebenso backen. Mit abgetropften Oliven und Minzeblättchen servieren. (15 Minuten)

Dieses Rezept ist für zwei Portionen berechnet und enthält: Eiweiß: 55 g, Fett: 122 g, Kohlenhydrate: 11 g, 1433 Kalorien, pro Portion ca. 720 Kalorien

Dazu: Roggenbrot

Zucchini-Eierpfanne

vollwertig

2 Zwiebeln,
1 Knoblauchzehe,
400 g Zucchini,
30 g Butter oder Margarine,
1 Fleischtomate,
Salz, Pfeffer, 4 Eier,
1 Bund Petersilie,
50 g Greyerzer Käse.

Zwiebelringe, zerdrückten Knoblauch und Zucchinischeiben etwa zehn Minuten in heißem Fett braten. Entkernte Tomatenstücke zufügen. Mit Salz und Pfeffer würzen und fünf Minuten schmoren. Eier und etwas Salz mit einer Gabel verschlagen und grob gehackte Petersilie unterrühren. Über das Gemüse gießen. Mit geraffeltem Käse bestreuen. In der geschlossenen Pfanne bei kleiner Hitze in etwa fünf Minuten stocken lassen.
(20 Minuten)

Dieses Rezept ist für zwei Portionen berechnet und enthält: Eiweiß: 50 g, Fett: 68 g, Kohlenhydrate: 30 g, 956 Kalorien, pro Portion ca. 480 Kalorien

Dazu: Vollkornbrot

Makkaroni mit Gorgonzolasoße

3 Zwiebeln,
30 g Butter oder Margarine,
1 Eßl. Mehl,
1 Paket Tomatenfruchtfleisch
(500 g),
250 g Gorgonzolakäse,
1/2 Becher Schlagsahne (100 g),
Salz,
frisch gemahlener Pfeffer,
etwa 1 Eßl. Edelsüss-Paprika,
500 g Makkaroni, 1 Eßl. Öl.

Zwiebelwürfel in heißem Fett glasig dünsten. Mit Mehl bestäuben. Tomaten zufügen und aufkochen. Grob zerbröckelten Käse in die Soße rühren. Sahne zufügen und aufkochen. Die Soße mit Salz, Pfeffer und Paprika abschmecken. Inzwischen Makkaroni in reichlich Salzwasser mit Öl acht Minuten kochen. Abtropfen lassen und mit der Soße servieren. (20 Minuten)

Dieses Rezept ist für vier Portionen berechnet und enthält: Eiweiß: 134 g, Fett: 167 g, Kohlenhydrate: 404 g, 3684 Kalorien, pro Portion ca. 920 Kalorien

Dazu: grüner Salat

Gedünstete Pilze mit Polenta

vollwertig

200 g Maisgriess, Salz,
Fett für die Schüssel,
250 g Champignons,
250 g Pfifferlinge,
2 Knoblauchzehen,
60 g Butter,
frisch gemahlener Pfeffer,
1 Eßl. Rosmarinnadeln,
1 Bund Basilikum.

Grieß in einen dreiviertel Liter Salzwasser einstreuen und unter Rühren bei kleiner Hitze so lange kochen, bis sich der Brei als Kloß vom Topfboden löst. Das dauert etwa 30 Minuten. Den Grießkloß etwas abkühlen lassen und in eine gefettete Schüssel oder Form drücken. Die Pilze putzen und waschen. Große Pilze in Scheiben schneiden. Knoblauch abziehen und fein würfeln. Knoblauch und Pilze in 30 Gramm Butter andünsten. Salzen, pfeffern und mit gehacktem Rosmarin und Basilikumblättern bestreuen. Grießbrei aus der Schüssel nehmen und in Scheiben schneiden. In restlicher Butter von jeder Seite zwei Minuten braten. Mit den Pilzen servieren. (45 Minuten)

Dieses Rezept ist für vier Portionen berechnet und enthält: Eiweiß: 32 g, Fett: 48 g, Kohlenhydrate: 227 g, 1668 Kalorien, pro Portion ca. 417 Kalorien

Dazu: grüner Salat

Nudelauflauf mit Porree und Tomaten

vollwertig

200 g Vollkornnudeln, Salz,
700 g Porree, 700 g Tomaten,
50 g Butter oder Margarine,
Fett für die Form,
2 Becher Joghurt (10 %),
2 Eier,
1 Päckchen
TK-Kräutermischung,
frisch gemahlener Pfeffer,
2 Essl. gemahlene Mandeln.

Nudeln in Salzwasser acht Minuten kochen. Auf einem Sieb abtropfen lassen. Porree in fingerlange Stücke schneiden. Tomaten mit heißem Wasser übergießen und die Haut abziehen, große Tomaten vierteln. Porree in 30 Gramm heißem Fett fünf Minuten bei kleiner Hitze dünsten. Nudeln, Porree und Tomaten in eine gefettete ofenfeste Form schichten. Joghurt mit Eiern und Kräutern verrühren und mit Salz und Pfeffer abschmecken. Joghurtsoße über das Gemüse gießen. Die Form mit einem Deckel oder mit Alufolie verschließen und in den Backofen schieben. Auf 200 Grad/Gas Stufe 3 schalten und 30 Minuten backen. Deckel oder Folie abnehmen. Den Auflauf mit restlichem Fett in Flöckchen belegen und mit Mandeln bestreuen. Zehn Minuten weiterbacken. (1 Stunde)

Dieses Rezept ist für vier Portionen berechnet und enthält: Eiweiß: 93 g, Fett: 138 g, Kohlenhydrate: 236 g, 2620 Kalorien, pro Portion ca. 655 Kalorien

Dazu: grüner Salat

Vollkornnudeln mit Pilzsoße

vollwertig

500 g Pilze (Champignons,
Austernpilze, Pfifferlinge),
2 Zwiebeln,
1 Bund Petersilie, 3 Essl. Öl,
1 Becher Crème fraîche (200 g),
50 ml Gemüsebrühe (Instant),
250 g Vollkornnudeln, Salz,
frisch gemahlener Pfeffer,
etwas Zitronensaft,
Parmesankäse.

Pilze waschen, putzen und trockentupfen. Große Pilze halbieren oder in Stücke schneiden. Zwiebeln abziehen und fein würfeln. Petersilie abspülen, trockentupfen und hacken. Zwiebeln in zwei Eßlöffel heißem Öl glasig dünsten. Pilze zugeben und vier Minuten unter Wenden kräftig anbraten. Crème fraîche und Brühe zugeben. In der geschlossenen Pfanne 15 Minuten schmoren. Nudeln in reichlich kochendes Salzwasser mit einem Eßlöffel Öl geben und zwölf Minuten sprudelnd kochen lassen. Pilze mit Salz, Pfeffer und Zitronensaft abschmekken. Petersilie unterrühren. Die Nudeln abtropfen lassen und mit der Pilzsoße anrichten. Zum Essen mit geriebenem Parmesankäse bestreuen. (40 Minuten)

Dieses Rezept ist für drei Portionen berechnet und enthält: Eiweiß: 67 g, Fett: 113 g, Kohlenhydrate: 201 g, 2167 Kalorien, pro Portion ca. 720 Kalorien

Dazu: Salat

Nudelauflauf mit Porree und Tomaten

Vollkornnudeln mit Pilzsoße

Gefüllte Champignons auf Bandnudeln

vollwertig

12 grosse Champignons,
1/2 Becher
Crème fraîche (75 g),
200 g Blauschimmelkäse, Salz,
frisch gemahlener Pfeffer,
1/2 Becher
Schlagsahne (100 g),
250 g Vollkornnudeln,
1 Essl. Öl, 1 Bund Petersilie.

Champignons putzen, waschen und trockentupfen. Die Stiele aus den Köpfen herauslösen und kleinschneiden. Crème fraîche und die Hälfte des Käses verrühren. Die Pilzstücke dazugeben. Mit Salz und Pfeffer abschmecken und in die Champignonköpfe füllen. Pilze in eine ofenfeste Form setzen und mit Sahne begießen. Form in den Backofen schieben, auf 250 Grad/Gas Stufe 5 schalten und etwa 20 Minuten backen. Inzwischen Nudeln in reichlich Salzwasser mit Öl je nach Sorte 10 bis 15 Minuten kochen. Auf einem Sieb abtropfen lassen. Restlichen Käse und gehackte Petersilie mit den Nudeln vermischen. Pilze auf den Nudeln anrichten.
(40 Minuten)

Dieses Rezept ist für drei Portionen berechnet und enthält: Eiweiß: 94 g, Fett: 161 g, Kohlenhydrate: 200 g, 2170 Kalorien, pro Portion ca. 725 Kalorien

Dazu: Fenchelsalat mit Orangen

Spaghetti mit Zucchini-Sahnesoße

300 g Zucchini,
200 g Champignons,
1 Zwiebel,
20 g Butter oder Margarine,
1/8 l Milch,
1 Becher Schlagsahne (150 g),
Salz, Curry,
250 g Spaghetti, 2 Eßl. Öl,
1/2 Zitrone,
1 Bund Petersilie,
3 Eßl. geriebener
Parmesankäse.

Zucchini und Champignons putzen und waschen. Zucchini der Länge nach vierteln und in Scheiben schneiden. Champignons halbieren oder vierteln. Zwiebel abziehen und in sehr feine Würfel schneiden. Das Gemüse in heißem Fett andünsten. Milch und Sahne zufügen. Mit Salz und Curry würzen. Zugedeckt zehn Minuten garen. Inzwischen Spaghetti in zwei Liter Salzwasser mit Öl in acht Minuten bißfest kochen. Auf einem Sieb abtropfen lassen. Die Zucchinisoße mit Salz und Zitronensaft abschmecken. Gehackte Petersilie unterrühren. Die Soße über die Spaghetti geben und mit frisch geriebenem Käse bestreut servieren.
(20 Minuten)

Dieses Rezept ist für drei Portionen berechnet und enthält: Eiweiß: 64 g, Fett: 85 g, Kohlenhydrate: 245 g, 2114 Kalorien, pro Portion ca. 705 Kalorien

Dazu: Tomatensalat

Überbackene Crêpes mit Gemüsefüllung

300 g Porree, 300 g Möhren,
80 g Butter oder Margarine,
1 Dose Gemüsemais
(Einwaage 285 g),
5 Eier,
1 Becher körniger Frischkäse
(200 g),
Curry, Salz,
frisch gemahlener Pfeffer,
100 ml Milch, 200 g Mehl,
Fett für die Form,
50 g geriebener
Emmentaler Käse.

Porree putzen, waschen und in Ringe schneiden. Möhren schälen und grob raffeln. Zusammen mit den Porreeringen in 20 Gramm heißem Fett andünsten. Abgetropften Mais, ein Ei und den Frischkäse unterrühren. Mit Curry, Salz und Pfeffer abschmecken. Restliche Eier mit Milch, Mehl und einem Teelöffel Salz verrühren. Aus dem Teig im restlichen Fett vier dünne Pfannkuchen backen. Die Gemüsefüllung darauf verteilen und die Pfannkuchen aufrollen. Nebeneinander in eine gefettete ofenfeste Form legen. Mit geriebenem Käse bestreuen und in den Backofen schieben. Auf 200 Grad/Gas Stufe 3 schalten und 30 Minuten backen.
(45 Minuten)

Dieses Rezept ist für vier Portionen berechnet und enthält: Eiweiß: 171 g, Fett: 144 g, Kohlenhydrate: 226 g, 2809 Kalorien, pro Portion ca. 705 Kalorien

Dazu: Feldsalat

Spinat-Gnocchi

vollwertig

300 g Spinat, 1 Zwiebel,
40 g Butter oder Margarine,
50 g Ricottakäse
(italienischer Frischkäse;
ersatzweise Schafkäse),
30 g Parmesankäse,
1 Ei, 1 Eigelb, 70 g Weizen,
60 g Pinienkerne, Salz,
frisch gemahlener Pfeffer,
1 Prise Muskat,
Fett für die Form,
50 g geriebener Käse.

Tropfnassen Spinat drei Minuten dünsten. Abtropfen lassen, hacken und fest ausdrücken. Zwiebelwürfel in Fett andünsten. Ricottakäse mit Parmesankäse, Ei und Eigelb verrühren. Weizen und 30 Gramm Pinienkerne fein mahlen. Mit Spinat und Zwiebeln unter die Käsemasse rühren. Mit Salz, Pfeffer und Muskat würzen. Aus dem Teig mit zwei Teelöffeln kleine Klößchen (Gnocchi) abstechen. In siedendem Salzwasser etwa vier Minuten gar ziehen lassen. Die Gnocchi sind gar, wenn sie an der Oberfläche schwimmen. In eine gefettete Auflaufform legen und mit den restlichen Pinienkernen und Käse bestreuen. In den Backofen schieben, auf 200 Grad/Gas Stufe 3 schalten und etwa 25 Minuten überbacken.
(1 Stunde)

Dieses Rezept ist als Vorspeise für vier Portionen berechnet und enthält: Eiweiß: 60 g, Fett: 122 g, Kohlenhydrate: 88 g, 1860 Kalorien, pro Portion ca. 465 Kalorien

Dazu: Käsesosse und Tomatensalat

Geschmortes Gemüse mit Schafkäse

vollwertig

500 g kleine Kartoffeln,
Salz, 500 g Zucchini,
500 g grüne Paprikaschoten,
30 g Butter oder Margarine,
1/4 l Brühe (Instant),
3 Lorbeerblätter,
Edelsüss-Paprika,
1 Bund Lauchzwiebeln,
150 g Schafkäse.

Kartoffeln mit Schale zehn Minuten in Salzwasser kochen. Schale abziehen. Kartoffeln, Zucchinischeiben und Paprikastreifen in heißem Fett andünsten. Brühe und Lorbeerblätter zugeben und im geschlossenen Topf 15 Minuten schmoren. Mit Salz und Edelsüß-Paprika würzen. Lauchzwiebelringe und zerbröckelten Schafkäse über das Gemüse streuen und im geschlossenen Topf noch fünf Minuten weiterschmoren. (40 Minuten)

Dieses Rezept ist für vier Portionen berechnet und enthält: Eiweiß: 49 g, Fett: 53 g, Kohlenhydrate: 105 g, 1103 Kalorien, pro Portion ca. 275 Kalorien

Dazu: Weizenvollkornbrot

Tomatenquark mit Kartoffeln

vollwertig

8 grosse Kartoffeln,
4 Essl. Olivenöl,
grobes Salz,
4 Tomaten,
500 g Magerquark,
2 Knoblauchzehen,
Edelsüss-Paprika,
1 Bund Dill.

Kartoffeln waschen, mit zwei Eßlöffel Olivenöl einreiben und mit grobem Salz bestreuen. Jede Kartoffel einzeln in ein Stück Alufolie wickeln. Auf ein Backblech legen und in den Backofen schieben. Auf 200 Grad/Gas Stufe 3 schalten und eine Stunde backen. Inzwischen entkernte Tomaten in Würfel schneiden. Quark mit restlichem Öl, zerdrücktem Knoblauch, Salz und Paprika verrühren. Gehackten Dill und Tomaten unterheben. Zu den Kartoffeln servieren.
(1 Stunde 10 Minuten)

Dieses Rezept ist für vier Portionen berechnet und enthält: Eiweiß: 85 g, Fett: 50 g, Kohlenhydrate: 114 g, 1306 Kalorien, pro Portion ca. 325 Kalorien

Dazu: Kopfsalat

Gebratener Schafkäse mit Tomatensoße

250 g Tomaten, Salz,
frisch gemahlener Pfeffer,
1 Zweig Minze,
2 Eier, 2 Essl. Mehl,
4 Scheiben Schafkäse
à etwa 100 g,
4 Essl. Öl.

Tomatenstücke im Mixer oder mit dem Schneidstab des Handrührers pürieren. Mit Salz und Pfeffer abschmecken. Etwas gehackte Minze unterrühren. Eier mit Mehl, Salz und Pfeffer verrühren. Schafkäsescheiben darin wenden und in heißem Öl von jeder Seite eine Minute braun braten. Mit der Tomatensoße servieren. Mit restlichen Minzeblättchen garnieren. (15 Minuten)

Dieses Rezept ist für vier Portionen berechnet und enthält: Eiweiß: 39 g, Fett: 61 g, Kohlenhydrate: 41 g, 1990 Kalorien, pro Portion ca. 495 Kalorien

Dazu: Gurkensalat und Bauernbrot

Eier-Ragout mit Blumenkohl

1 Blumenkohl, Salz, 6 Eier,
etwa 1/4 l Milch,
40 g Mehl,
40 g Butter oder Margarine,
etwa 1/2 Teel. Curry,
etwas Zitronensaft,
1 Bund Petersilie,
2 Essl. frisch geriebener Käse.

Blumenkohlröschen in einem Viertelliter Salzwasser 15 Minuten kochen. Eier in acht Minuten hart kochen. Blumenkohlwasser mit Milch zu einem halben Liter auffüllen. Mehl in zerlassenem Fett andünsten. Milch nach und nach unter Rühren zugießen. Fünf Minuten bei kleiner Hitze kochen, dabei ständig umrühren. Soße mit Curry, Salz und Zitronensaft kräftig abschmecken. Halbierte Eier, Blumenkohl und grob gehackte Petersilie unterheben. Ragout in drei Portionsförmchen oder eine große ofenfeste Form füllen. Mit Käse bestreuen und unter dem vorgeheizten Grill goldgelb bräunen. (35 Minuten)

Dieses Rezept ist für drei Portionen berechnet und enthält: Eiweiß: 74 g, Fett: 88 g, Kohlenhydrate: 61 g, 1342 Kalorien, pro Portion ca. 450 Kalorien

Dazu: Kartoffelbrei

Überbackene Eier auf Kartoffelpuffer

2 Zwiebeln,
20 g Butter oder Margarine,
1 Paket TK-Blattspinat (300 g),
1/2 Becher
Crème fraîche (75 g),
Muskat, Salz,
frisch gemahlener Pfeffer,
1 Paket TK-Kartoffelpuffer
(300 g),
2 Essl. Öl, 5 Eier,
50 g frisch geriebener
Parmesankäse.

Zwiebelwürfel in heißem Fett glasig dünsten. Unaufgetauten Spinat zufügen und bei kleiner Hitze im geschlossenen Topf auftauen. Crème fraîche unterrühren und mit Muskat, Salz und Pfeffer abschmecken. Kartoffelpuffer in heißem Öl nach Anweisung auf der Packung braun braten. Auf ein Backblech legen. Eier vorsichtig trennen. Jedes Eigelb einzeln in eine Tasse geben. Drei Eiweiß mit wenig Salz zu steifem Schnee schlagen. Parmesankäse unterziehen. Spinat abtropfen lassen und auf die Kartoffelpuffer verteilen. Eiweiß daraufgeben und in die Mitte eine kleine Vertiefung drücken. Jeweils ein Eigelb hineinsetzen. Blech in den Backofen schieben, auf 225 Grad/Gas Stufe 4 schalten und etwa 20 Minuten backen, bis das Eigelb gestockt ist. (1 Stunde)

Dieses Rezept ist für fünf Portionen berechnet und enthält: Eiweiß: 71 g, Fett: 99 g, Kohlenhydrate: 104 g, 1647 Kalorien, pro Portion ca. 330 Kalorien

Dazu: gemischter Salat

Eier auf Tomatenaspik

8 Blatt weisse Gelatine,
2 kleine Zwiebeln,
1/2 l scharf gewürzter
Tomatensaft (Sangrita),
1 1/2 Bund Schnittlauch,
Tabasco, Salz, 12 Eier.

Gelatine in kaltem Wasser einweichen. Zwiebelwürfel in 100 ml Tomatensaft fünf Minuten kochen. Ausgedrückte Gelatine darin auflösen. Unter den restlichen Saft rühren. Ein Bund Schnittlauch in Röllchen unterrühren. Mit Tabasco und Salz sehr scharf abschmekken. Im Kühlschrank fest werden lassen. Eier in zehn Minuten hart kochen. Schälen und halbieren. Tomatenaspik auf eine Platte stürzen und in Würfel schneiden. Eier darauf anrichten. Mit restlichem Schnittlauch garnieren. (Ohne Wartezeit 30 Minuten)

Dieses Rezept ist für sechs Portionen berechnet und enthält: Eiweiß: 96 g, Fett: 72 g, Kohlenhydrate: 28 g, 1265 Kalorien, pro Portion ca. 210 Kalorien

Dazu: gebuttertes Schwarzbrot

Kartoffel-Apfelauflauf mit Camembert

vollwertig

600 g Kartoffeln, Salz,
frisch gemahlener Pfeffer,
2 Äpfel (400 g),
250 g Camembert,
1 Becher Schlagsahne (200 g),
2 Eier,
1 Essl. Edelsüss-Paprika.

Kartoffeln waschen und in der Schale 20 Minuten in Salzwasser kochen. Etwas abkühlen lassen und die Schale abziehen. Kartoffeln in Scheiben schneiden, salzen und pfeffern. Äpfel schälen und das Kerngehäuse herausstechen. Äpfel halbieren und in Scheiben schneiden. Camembert in Scheiben schneiden. Abwechselnd mit Kartoffel- und Apfelscheiben in eine ofenfeste Form schichten. Sahne und Eier verrühren. Mit Salz, Pfeffer und Paprika würzen. Über die Kartoffeln gießen. In den Backofen schieben, auf 200 Grad/Gas Stufe 3 schalten und 45 Minuten backen.
(1 Stunde 15 Minuten)

Dieses Rezept ist für vier Portionen berechnet und enthält: Eiweiß: 78 g, Fett: 135 g, Kohlenhydrate: 155 g, 2207 Kalorien, pro Portion ca. 555 Kalorien

Dazu: gemischter Salat

Eier auf Porreegemüse

vollwertig

800 g Porree,
30 g Butter oder Margarine,
4 Eier,
1/2 Becher
Schlagsahne (125 g),
100 ml Brühe (Instant),
Salz, Muskat,
50 g mittelalter Goudakäse.

Porree putzen und abspülen. In etwa vier Zentimeter breite Stücke schneiden. Fett in einer Pfanne erhitzen und den Porree darin zehn Minuten andünsten. Inzwischen Eier in acht Minuten hart kochen. Sahne und Brühe zum Porree geben und einmal aufkochen. Mit Salz und Muskat abschmecken. Eier mit kaltem Wasser übergießen, schälen, halbieren und auf den Porree setzen. Mit geriebenem Käse bestreuen und sofort servieren.
(30 Minuten)

Dieses Rezept ist für zwei Portionen berechnet und enthält: Eiweiß: 56 g, Fett: 107 g, Kohlenhydrate: 40 g, 1386 Kalorien, pro Portion ca. 690 Kalorien

Dazu: Pellkartoffeln

Gemüsesülze

vollwertig

1 kleiner Blumenkohl,
etwa 1 1/2 l Gemüsebrühe (Instant),
100 g grüne Bohnen,
100 g Zucchini,
100 g Möhren,
1 Bund Radieschen,
1/2 Salatgurke,
1–2 Zitronen,
4 Essl. Sojasosse, Salz,
frisch gemahlener Pfeffer,
12 Blatt weisse Gelatine,
1 Bund Schnittlauch.

Blumenkohl in kleine Röschen zerteilen. In wenig Brühe zehn Minuten kochen. Halbierte Bohnen in Brühe 15 Minuten kochen. Zucchini- und Möhrenscheiben in Brühe drei Minuten kochen. Alle Gemüsesorten gut abtropfen lassen. Radieschen vierteln. Halbierte, entkernte Gurke in dünne Scheiben schneiden. Gemüsebrühe durchsieben und auf einen Liter auffüllen. Mit Zitronensaft, Sojasoße, Salz und Pfeffer kräftig abschmecken. Gelatine in kaltem Wasser einweichen. Gut ausdrücken und in vier Eßlöffel heißer Brühe auflösen. Zur restlichen Brühe geben. Etwas Gelierflüssigkeit in eine Kastenform (Länge 30 cm) füllen. Im Kühlschrank fest werden lassen. Gemüsesorten und Schnittlauchröllchen in die Form geben. Restliche Gelierflüssigkeit zugießen. Sülze über Nacht im Kühlschrank fest werden lassen. Form kurz in heißes Wasser tauchen und die Sülze auf eine Platte stürzen. (Ohne Wartezeit 1 Stunde 20 Minuten)

Dieses Rezept ist für sechs Portionen berechnet und enthält: Eiweiß: 52 g, Fett: 5 g, Kohlenhydrate: 48 g, 450 Kalorien, pro Portion ca. 75 Kalorien

Dazu: Bratkartoffeln

Gemüseterrine

4 Zwiebeln,
500 g Champignons,
100 g Butter, Salz, Pfeffer,
2 Essl. Sherry
(ersatzweise Zitronensaft),
6 Eier,
7 Essl. Semmelbrösel,
1 Paket TK-Spinat (600 g),
1 Becher Schlagsahne (250 g),
3 Essl. geriebener Käse,
700 g Möhren,
30 g Mehl, Muskat,
Fett für die Form.

Zwiebeln abziehen und würfeln. Zwei Zwiebeln und geputzte, halbierte Champignons in 40 Gramm heißem Fett dünsten. Mit Salz, Pfeffer und Sherry abschmecken. Zwei Eier und vier Eßlöffel Semmelbrösel unterrühren. Restliche Zwiebeln in 30 Gramm heißem Fett glasig dünsten. Spinat zugeben. Auftauen lassen und einmal aufkochen. Abtropfen lassen. Einen halben Becher Schlagsahne, zwei Eier, restliche Semmelbrösel und Käse untermischen. Mit Salz und Pfeffer abschmecken. Möhren schälen und in Salzwasser 20 Minuten kochen. Abtropfen lassen und pürieren. Das Mehl in restlichem Fett anrösten. Restliche Sahne zugießen und aufkochen. Möhrenpürree und restliche Eier unterrühren. Mit Salz, Pfeffer und Muskat abschmecken. Gemüse in eine gefettete ofenfeste Form (Inhalt zwei Liter) schichten. Form verschließen und in die mit Wasser gefüllte Fettpfanne des Backofens stellen. Auf 200 Grad/Gas Stufe 3 schalten und zwei Stunden backen. In der Form abkühlen lassen. (3 Stunden)

Dieses Rezept ist für zwölf Portionen berechnet und enthält: Eiweiß: 109 g, Fett: 215 g, Kohlenhydrate: 249 g, 3487 Kalorien, pro Portion ca. 290 Kalorien

Dazu: Walnussbrot und Butter

Hirsecrêpes mit Apfelkompott

vollwertig

100 g Hirse,
1/4 l Milch,
3 Essl. Sojamehl, 4 Eier,
1/2 Becher
Schlagsahne (125 g),
1 Essl. Vollrohrzucker,
etwa 4 Essl. Öl,
2 Äpfel, 1 Limette,
2 Essl. Honig, 2 Essl. Rosinen,
1 Essl. Pinienkerne.

Hirse und Milch aufkochen und bei kleiner Hitze 30 Minuten quellen lassen. Sojamehl, Eier, Schlagsahne und Zucker zugeben und verrühren. Öl in einer Pfanne erhitzen und nacheinander zwölf kleine Crêpes backen. Für das Kompott Äpfel waschen und mit dem Apfelausstecher das Kerngehäuse entfernen. Äpfelscheiben mit Limettensaft beträufeln. 200 ml Wasser mit Honig, Limettenschale und Rosinen aufkochen. Apfelscheiben zugeben und sieben Minuten dünsten. Pinienkerne unter das Kompott geben. Crêpes und Kompott auf vorgewärmten Tellern anrichten. (40 Minuten)

Dieses Rezept ist für vier Portionen berechnet und enthält: Eiweiß: 69 g, Fett: 128 g, Kohlenhydrate: 210 g, 2124 Kalorien, pro Portion ca. 530 Kalorien

Quark-Hirseauflauf mit Pflaumen

vollwertig

500 g Pflaumen,
500 g Quark (20 %),
3 Eier, 100 g Sirup,
125 g Hirseflocken,
1/2 Teel. Zimt,
Fett für die Form,
1 Essl. Kokosraspel.

Pflaumen vierteln und entsteinen. Quark mit Eigelb, Sirup, Hirseflocken und Zimt verrühren. Steifgeschlagenen Eischnee unterheben. Pflaumen untermischen und die Masse in eine gefettete ofenfeste Form (Inhalt etwa 2 Liter) füllen. Mit Kokosraspeln bestreuen. Form in den Backofen schieben, auf 175 Grad/Gas Stufe 2 schalten und etwa eine Stunde backen. (1 Stunde 30 Minuten)

Dieses Rezept ist für vier Portionen berechnet und enthält: Eiweiß: 101 g, Fett: 71 g, Kohlenhydrate: 272 g, 2198 Kalorien, pro Portion ca. 550 Kalorien

Hirsecrêpes mit Apfelkompott

Quark-Hirseauflauf mit Pflaumen

Eierkuchen mit Quarkfüllung

TEIG:
150 G MEHL, 3 EIER,
1/4 L MILCH,
1 ESSL. ZUCKER, SALZ;
5 ESSL. ÖL ZUM BACKEN;
FÜLLUNG:
1 EI, 70 G ZUCKER,
250 G QUARK (20 %),
50 G ROSINEN,
1 TEEL. ORANGENESSENZ,
3 ESSL. SCHLAGSAHNE,
1 ESSL. PUDERZUCKER.

Für den Teig Mehl, Eier, Milch, Zucker und eine Prise Salz verrühren. Aus dem Teig in heißem Öl nacheinander fünf Pfannkuchen backen. Für die Füllung Ei mit Zucker schaumig schlagen. Quark, Rosinen und Orangenessenz unterrühren. Die Quarkmasse auf die Pfannkuchen streichen. Zweimal zusammenklappen und in eine ofenfeste Form schichten. Mit Schlagsahne begießen und in den Backofen schieben. Auf 250 Grad/Gas Stufe 5 schalten und 15 Minuten backen. Mit Puderzucker bestäuben. (40 Minuten)

Dieses Rezept ist für fünf Portionen berechnet und enthält: Eiweiß: 87 g, Fett: 123 g, Kohlenhydrate: 272 g, 2616 Kalorien, pro Portion ca. 525 Kalorien

500 G KIRSCHEN,
125 G MEHL, 3 EIER,
1 PÄCKCHEN VANILLINZUCKER,
1/4 L MILCH,
ETWA 50 G BUTTERSCHMALZ,
PUDERZUCKER ZUM BESTÄUBEN.

Kirsch-Pfannkuchen

Kirschen entsteinen. Mehl mit Eigelb, Vanillinzucker und Milch verrühren. Steifgeschlagenes Eiweiß unterheben. Kirschen unter den Teig ziehen. Nacheinander neun kleine Pfannkuchen backen. Dafür etwas Butterschmalz in einer Pfanne erhitzen. Teig in die Pfanne geben und in etwa fünf Minuten goldgelb backen. Pfannkuchen auf einen flachen Teller oder Deckel stürzen. Wieder in die Pfanne gleiten lassen und von der Unterseite ebenfalls goldgelb backen. Mit Puderzucker bestäuben. (30 Minuten)

Dieses Rezept ist für drei Portionen berechnet und enthält: Eiweiß: 47 g, Fett: 73 g, Kohlenhydrate: 195 g, 1663 Kalorien, pro Portion ca. 555 Kalorien

Quark-Eierkuchen mit Birnen

2 Birnen,
250 g Speisequark (10 %),
4 Eier,
1 Becher Joghurt (3,5 %),
50 g Zucker, 150 g Mehl,
50 g Rosinen,
30 g Butterschmalz,
50 g Zartbitter-Schokolade.

Die Birnen schälen und in Spalten schneiden. Quark, Eigelb und Joghurt verschlagen. Zucker, Mehl und Rosinen untermischen. Eiweiß steif schlagen. Die Eischnee mit einem Schneebesen unter den Quarkteig heben. Etwas Butterschmalz in einer Pfanne erhitzen. Ein Viertel des Teiges in die Pfanne geben. Mit Birnenspalten belegen und bei mittlerer Hitze in der geschlossenen Pfanne backen. Den Eierkuchen wenden und noch fünf Minuten ohne Deckel backen. Warm stellen. Aus dem restlichen Teig und den Birnenspalten drei weitere Eierkuchen backen und zum Essen mit geriebener Zartbitter-Schokolade bestreuen.
(50 Minuten)

Dieses Rezept ist für vier Portionen berechnet und enthält: Eiweiß: 90 g, Fett: 74 g, Kohlenhydrate: 330 g, 2436 Kalorien, pro Portion ca. 610 Kalorien

Birnen-Reisauflauf mit Schneehaube

125 g Reis, 1/2 l Milch,
1 Vanilleschote,
80 g Zucker, 3 Birnen,
1/8 l Rotwein (ersatzweise
roter Traubensaft),
3 Eier,
Fett für die Form.

Milch mit ausgekratztem Vanillemark und zwei Eßlöffel Zucker aufkochen. Den Reis hineingeben, aufkochen und bei kleiner Hitze im geschlossenen Topf 30 Minuten ausquellen lassen. Erkalten lassen. Inzwischen die Birnen schälen, halbieren und das Kerngehäuse entfernen. Die Birnenhälften in Rotwein bei kleiner Hitze etwa fünf Minuten dünsten. Eier trennen. Eigelb unter den kalten Reis rühren. Die abgetropften Birnen mit dem Reis in eine gefettete ofenfeste Form geben. Form in den Backofen schieben, auf 175 Grad/Gas Stufe 2 schalten und 20 Minuten backen. Eiweiß mit drei Eßlöffel Wasser steif schlagen. Unter weiterem Schlagen den restlichen Zucker einrieseln lassen. Eischnee auf dem Reis verteilen. Unter dem Grill bei 225 Grad/Gas Stufe 4 hellbraun überbacken.
(1 Stunde)

Dieses Rezept ist für sechs Portionen berechnet und enthält: Eiweiß: 49 g, Fett: 39 g, Kohlenhydrate: 260 g, 1615 Kalorien, pro Portion ca. 270 Kalorien

DESSERT

Wir werden wohl nie auf sie verzichten wollen – so kalorienbewußt wir auch sein mögen. Gönnen wir sie uns also als köstlichen Abschluß! Die meisten dieser Rezepte haben's gar nicht so sehr „in sich". Außerdem: Warum sollte nicht manchmal das Hauptgericht entsprechend weniger gehaltvoll sein?

Meloneneis mit Rum

1 reife Ogenmelone,
2 Essl. weisser Rum,
1 Eigelb, 25 g Puderzucker,
1 Essl. Kokosflocken,
1/2 Becher
Schlagsahne (100 g),
einige Tropfen Vanilleessenz,
einige Zweige Zitronenmelisse.

Von der Melone einen Deckel abschneiden. Frucht mit einem Löffel aushöhlen (nicht den Deckel). Die Kerne entfernen und das Fruchtfleisch im Mixer oder mit dem Schneidstab des Handrührers pürieren. Die Melone von innen mit einem Teelöffel Rum beträufeln. Eigelb mit Puderzucker und restlichem Rum im heißen Wasserbad schaumig schlagen. Schüssel in kaltes Wasser stellen und so lange weiterschlagen, bis die Creme wieder abgekühlt ist. Kokosflocken, Melonenpüree und steifgeschlagene Sahne unterrühren. Mit Vanilleessenz abschmecken. Die Creme in die ausgehöhlte Melone füllen. Deckel auflegen und mit Holzspießchen feststecken. Melone in das Gefriergerät stellen und etwa vier Stunden gefrieren. Zum Servieren in Spalten schneiden und mit Zitronenmelisseblättchen garniert servieren. (Ohne Wartezeit 45 Minuten)

Dieses Rezept ist für vier Portionen berechnet und enthält: Eiweiß: 6 g, Fett: 41 g, Kohlenhydrate: 57 g, 679 Kalorien, pro Portion ca. 170 Kalorien

1 Becher Schlagsahne (250 g),
3 Essl. Zucker, 1 Eigelb,
1 Vanilleschote,
150 ccm Eierlikör,
2 Beutel Schlag-Creme (80 g),
1 Baby-Ananas, 1 Papaya.

Eierlikör-Eis mit Früchten

Kalte Sahne mit Zucker, Eigelb, ausgekratztem Vanillemark und Eierlikör verrühren. Schlag-Creme dazugeben und mit dem Handrührer mindestens zwei Minuten aufschlagen, bis die Creme standfest ist. Im Tiefkühler drei Stunden gefrieren lassen. Ananas und Papaya portionsweise aufschneiden und auf Dessertteller anrichten. Aus dem Eis Kugeln formen und auf die Teller verteilen. Sofort servieren. (Ohne Wartezeit 15 Minuten)

Dieses Rezept ist für vier Portionen berechnet und enthält: Eiweiß: 35 g, Fett: 129 g, Kohlenhydrate: 160 g, 2265 Kalorien, pro Portion ca. 565 Kalorien

Frischkäse-Zitroneneis

3 Eier, 75 g Zucker,
1 Zitrone,
1 Paket Doppelrahmfrischkäse
(200 g),
1 Becher Schlagsahne (200 g),
6 grosse Erdbeeren,
etwa 20 g Corn-flakes.

Eier trennen. Zucker und Eigelb mit den Quirlen des Handrührgerätes schlagen, bis die Masse hellgelb ist und der Zucker nicht mehr knirscht. Zitronensaft und zerbröckelten Käse unterrühren. Geschlagene Sahne und Eischnee unterheben. In eine Form geben, mit Frischhaltefolie abdecken und in das Gefriergerät stellen. Über Nacht gefrieren lassen. Die Form eine halbe Stunde vor dem Servieren in den Kühlschrank stellen. Das Eis mit einem Kugelformer oder einem Eßlöffel herausheben, in sechs Dessertschalen verteilen und mit Erdbeeren und Corn-flakes anrichten. (Ohne Wartezeit 20 Minuten)

Dieses Rezept ist für sechs Portionen berechnet und enthält: Eiweiß: 56 g, Fett: 142 g, Kohlenhydrate: 112 g, 2036 Kalorien, pro Portion ca. 340 Kalorien

Nuß-Eis

2 Becher
Schlagsahne à 250 g,
70 g Puderzucker,
200 g gemahlene Haselnüsse,
100 g Nougatschokolade,
Haselnüsse zum Garnieren.

Sahne steif schlagen. Puderzucker, Haselnüsse und gehackte Schokolade unterheben. In eine Schüssel füllen und für drei bis vier Stunden in das Gefrierfach stellen. Auf Portionstellern anrichten und mit Haselnüssen bestreut servieren. (Ohne Wartezeit 10 Minuten)

Dieses Rezept ist für zehn Portionen berechnet und enthält: Eiweiß: 42 g, Fett: 313 g, Kohlenhydrate: 179 g, 3804 Kalorien, pro Portion ca. 380 Kalorien

Mohneis mit Kirschpüree

100 g gemahlener Mohn,
1/4 l Milch, 2 Eier,
3 Eigelb, 125 g Zucker,
2 Essl. Eierlikör
(eventuell weglassen),
1 Becher Schlagsahne (250 g),
1 Glas Sauerkirschen
(Einwaage 460 g).

Mohn mit kochender Milch übergießen und zehn Minuten quellen lassen. Eier und Eigelb im heißen Wasserbad hellschaumig schlagen. Zucker dabei nach und nach einrieseln lassen. Mohn unterrühren. Im kalten Wasserbad weiterschlagen, bis die Masse abgekühlt ist. Eierlikör unterrühren. Sahne steif schlagen und unter die Mohncreme ziehen. Die Creme in das Gefriergerät stellen und über Nacht fest werden lassen. 30 Minuten vor dem Servieren aus dem Gefriergerät nehmen. Kirschen abtropfen lassen und mit dem Schneidstab des Handrührgerätes pürieren. Aus dem Eis Kugeln formen und auf dem Püree anrichten. (Ohne Wartezeit 50 Minuten)

Dieses Rezept ist für acht Portionen berechnet und enthält: Eiweiß: 64 g, Fett: 186 g, Kohlenhydrate: 278 g, 2761 Kalorien, pro Portion ca. 345 Kalorien

Kastanieneis

3 Eigelb,
1 Vanilleschote,
75 g brauner Zucker,
1/8 l Milch,
1 Dose Esskastanien (Maronen; Einwaage 285 g),
1 Becher Schlagsahne (250 g),
2 Essl. Rum
(eventuell weglassen),
6 Essl. fertige
Schokoladensosse.

Eigelb, ausgekratztes Vanillemark, Zucker und Milch verquirlen. Unter Rühren erhitzen, aber nicht zum Kochen bringen. Ganz abkühlen lassen. Abgetropfte Kastanien pürieren und unter die Eicreme ziehen. 200 ml Sahne steif schlagen und unterheben. Die Creme eventuell mit Rum abschmecken. In eine Schüssel füllen und für etwa vier Stunden in das Gefrierfach stellen. Das Eis ab und zu umrühren, damit es cremig bleibt. Zum Servieren mit einem Eisportionierer Kugeln formen. In Gläser geben. Schokoladensoße mit restlicher Schlagsahne verrühren und über das Eis gießen. (Ohne Wartezeit 20 Minuten)

Dieses Rezept ist für sechs Portionen berechnet und enthält: Eiweiß: 32 g, Fett: 110 g, Kohlenhydrate: 234 g, 2165 Kalorien, pro Portion ca. 360 Kalorien

Kiwi-Sorbet

100 g Zucker,
1 Vanilleschote,
4 Kiwis, 1/2 Zitrone,
2 Eiweiß.

Zucker und das ausgekratzte Mark der Vanilleschote mit 50 ml Wasser aufkochen. Abkühlen lassen. Drei Kiwis schälen und das Fruchtfleisch mit einer Gabel zerdrücken. Mit Zitronensaft verrühren. Eiweiß zu steifem Schnee schlagen. Zuckersirup unterschlagen. Mit dem Kiwimark verrühren. In eine Schüssel füllen und in das Gefriergerät stellen. Etwa vier Stunden gefrieren lassen. Dabei ab und zu umrühren, damit sich keine Eiskristalle bilden. Das Sorbet mit Scheiben von der restlichen Kiwi anrichten. (Ohne Wartezeit 15 Minuten)

Dieses Rezept ist für sechs Portionen berechnet und enthält: Eiweiß: 12 g, Fett: 0 g, Kohlenhydrate: 137 g, 637 Kalorien, pro Portion ca. 110 Kalorien

Dazu: Mandelgebäck

Rhabarberschaum auf Vanilleeis

8 Blatt weisse Gelatine,
700 g Rhabarber, 120 g Zucker,
1 Zitrone, 1 Zimtstange,
2 Eiweiss,
1 Paket Vanilleeis (500 g).

Die Gelatine in kaltem Wasser einweichen. Den Rhabarber putzen, waschen und in drei Zentimeter lange Stücke schneiden. Mit vier Eßlöffel Zucker, der dünn abgeschälten Zitronenschale und Zimt in etwas Wasser zehn Minuten dünsten. Der Rhabarber soll zerfallen. Zitronenschale und Zimtstange entfernen. Die ausgedrückte Gelatine im heißen Rhabarber auflösen. Im Kühlschrank halbfest werden lassen. Eiweiß steif schlagen, dabei den restlichen Zucker einrieseln lassen. Eischnee mit einem Schneebesen vorsichtig unter den Rhabarber heben. Über Nacht im Kühlschrank fest werden lassen. Das Eis in Kugeln oder Würfeln in vier Portionsschälchen verteilen. Mit einem Eßlöffel Portionen vom Rhabarberschaum abstechen und auf dem Eis verteilen. (Ohne Wartezeit 25 Minuten)

Dieses Rezept ist für vier Portionen berechnet und enthält: Eiweiß: 25 g, Fett: 33 g, Kohlenhydrate: 205 g, 1270 Kalorien, pro Portion ca. 315 Kalorien

Kiwi-Sorbet

Rhabarberschaum auf Vanilleeis

Limettenschaum mit Karambolen

3 Limetten,
4 Blatt weisse Gelatine,
3 Eier, 50 g Zucker,
1 Päckchen Vanillinzucker,
1 Becher Schlagsahne (200 g),
1 Karambole
(exotische Frucht).

Limetten heiß abwaschen und von zwei Früchten die Schale in feinen Streifen abziehen. Limetten auspressen. Gelatine in kaltem Wasser einweichen. Eigelb mit zwei Eßlöffel heißem Wasser, Zucker und Vanillinzucker schaumig schlagen. Ausgedrückte Gelatine in etwas heißem Limettensaft auflösen. Zusammen mit restlichem Limettensaft unter die Eigelbcreme rühren. Wenn die Creme halbfest ist, steifgeschlagene Sahne und steifgeschlagenes Eiweiß mit einem Schneebesen unterziehen. Schaum in Portionsgläser füllen. Im Kühlschrank fest werden lassen. Mit Limettenschale und Karambolenscheiben garnieren. (Ohne Wartezeit 20 Minuten)

Dieses Rezept ist für vier Portionen berechnet und enthält: Eiweiß: 33 g, Fett: 82 g, Kohlenhydrate: 87 g, 1265 Kalorien, pro Portion ca. 315 Kalorien

3 Eier,
2 Essl. Kaffeepulver (Instant),
40 g Zucker,
1 Tafel Blockschokolade
(200 g),
1 Becher Schlagsahne (250 g).

Mokkaschaum

Eiweiß zu steifem Schnee schlagen. Kaffeepulver in zwei Eßlöffel heißem Wasser auflösen. Eigelb und Zucker schaumig schlagen. Kaffee zufügen. Schokolade zerbröckeln und im Wasserbad auflösen. Unter die Eigelbcreme rühren. Eischnee und steifgeschlagene Sahne unterrühren. Den Mokkaschaum im Kühlschrank fest werden lassen. (Ohne Wartezeit 20 Minuten)

Dieses Rezept ist für sechs Portionen berechnet und enthält: Eiweiß: 37 g, Fett: 157 g, Kohlenhydrate: 160 g, 2286 Kalorien, pro Portion ca. 380 Kalorien

DAZU: EIERLIKÖRSAHNE UND MOKKABOHNEN

Cremepudding mit Aprikosen

1 Päckchen
Vanillepuddingpulver,
1/4 l Milch,
1 Becher Schlagsahne (250 g),
1 Essl. Zucker,
1 Vanilleschote,
1 Dose Aprikosen
(Einwaage 250 g).

Puddingpulver mit vier Eßlöffel Milch glattrühren. Restliche Milch, Sahne, Zucker und die aufgeschnittene Vanilleschote aufkochen. Vanilleschote entfernen. Puddingpulver zur Milch gießen und unter Rühren einmal aufkochen. Zehn Aprikosen beiseite legen. Restliche Aprikosen mit 50 Kubikzentimeter Aprikosensaft im Mixer oder mit dem Schneidstab des Handrührgerätes pürieren. Püree unter den Pudding rühren und in fünf Dessertschalen füllen. Mit den Aprikosenhälften garnieren und abkühlen lassen. (Ohne Wartezeit 15 Minuten)

Dieses Rezept ist für fünf Portionen berechnet und enthält: Eiweiß: 16 g, Fett: 88 g, Kohlenhydrate: 121 g, 1379 Kalorien, pro Portion ca. 280 Kalorien

Whiskycreme

4 Blatt weisse Gelatine,
3 Eier, 50 g Zucker,
150 ml Whisky,
1 Tafel Zartbitterschokolade (100 g),
1 Becher Schlagsahne (200 g).

Gelatine in kaltem Wasser einweichen. Eigelb und Zucker mit den Quirlen des Handrührers schaumig schlagen. Whisky unterrühren. Ausgedrückte Gelatine in einem Eßlöffel heißem Wasser auflösen. Unter die Eigelbmasse rühren. Im Kühlschrank halbfest werden lassen. 80 Gramm geriebene Schokolade unterrühren. Geschlagene Sahne und steifgeschlagenen Eischnee nacheinander unterziehen. In Portionsschälchen füllen und im Kühlschrank etwa zwei Stunden durchkühlen lassen. Restliche Schokolade raspeln und die Creme damit garnieren. (Ohne Wartezeit 1 Stunde)

Dieses Rezept ist für sechs Portionen berechnet und enthält: Eiweiß: 35 g, Fett: 120 g, Kohlenhydrate: 111 g, 2547 Kalorien, pro Portion ca. 425 Kalorien

Zitronencreme mit Rhabarberkompott

3 Blatt weisse Gelatine,
4 Eiweiss, 150 g Zucker,
1 Becher Mascarpone
(ersatzweise Frischkäse; 250 g),
100 ml Buttermilch,
2 Essl. Zitronensaft,
600 g Rhabarber,
200 ml Rotwein
(ersatzweise Apfelsaft),
75 g Zucker,
1/2 Teel. Pfefferkörner,
2 Stiele Zitronenmelisse.

Gelatine in kaltem Wasser einweichen. Eiweiß steif schlagen. 75 Gramm Zucker unter ständigem Weiterschlagen einrieseln lassen. Mascarpone und restlichen Zucker verrühren. Ausgedrückte Gelatine im heißen Wasserbad auflösen. Buttermilch mit Zitronensaft mischen und nach und nach unterrühren. Mascarponecreme und Eiweiß unterziehen. Im Kühlschrank fest werden lassen. Rhabarber in 5 cm große Stücke schneiden. Zusammen mit Rotwein, Zucker und Pfefferkörnern bei kleiner Hitze vier Minuten dünsten. Rhabarber soll nicht zerfallen. Aus der Zitronencreme mit zwei Teelöffeln kleine Klößchen abstechen und auf dem Rhabarberkompott anrichten. Mit Melisse verzieren. (1 Stunde)

Dieses Rezept ist für sechs Portionen berechnet und enthält: Eiweiß: 61 g, Fett: 100 g, Kohlenhydrate: 246 g, 2138 Kalorien, pro Portion ca. 255 Kalorien

Honig-Zimtcreme

4 Blatt weisse Gelatine, 3 Eier, 3 Essl. Honig, etwa 1 Teel. Zimt, 1 Orange, 1 Becher Schlagsahne (200 g).

Die Gelatine in kaltem Wasser einweichen. Eier trennen. Eigelb, Honig und Zimt mit den Quirlen des Handrührgerätes im heißen Wasserbad hellschaumig schlagen. Orange auspressen. Die Gelatine ausdrücken und in heißem Orangensaft auflösen. Unter die Ei-Honigmasse rühren und im Kühlschrank halbfest werden lassen. Sahne und Eiweiß getrennt steif schlagen. Mit einem Schneebesen unter die Creme ziehen. In sechs Portionsschälchen füllen und im Kühlschrank fest werden lassen. Mit Zimt bestreuen. (Ohne Wartezeit 30 Minuten)

Dieses Rezept ist für sechs Portionen berechnet und enthält: Eiweiß: 36 g, Fett: 78 g, Kohlenhydrate: 69 g, 1167 Kalorien, pro Portion ca. 195 Kalorien

Tirami Su

2 Teel. Espressopulver (Instant; ersatzweise Instant-Kaffee),
2 cl Kaffeelikör (eventuell weglassen),
6 Eigelb, 150 g Zucker,
500 g Mascarpone (italienischer Frischkäse; ersatzweise 250 g Speisequark, 40 %, und 250 g Doppelrahmfrischkäse),
2 Pakete Löffelbiskuits à 150 g,
1 Essl. Kakao.

Espressopulver mit 150 Kubizentimeter kochendem Wasser übergießen und abkühlen lassen. Mit dem Likör mischen. Eigelb und Zucker mit den Quirlen des Handrührgerätes im heißen Wasserbad hellschaumig schlagen, bis der Zucker sich gelöst hat. Mascarpone unterrühren. Eine Schicht Löffelbiskuits auf den Boden einer rechteckigen Form legen. (Die Form eventuell mit Klarsichtfolie auslegen.) Die Biskuits gleichmäßig mit Espresso beträufeln. So viel Ei-Käse-Mischung daraufgeben, daß die Biskuits bedeckt sind. Wiederholen, bis Creme und Biskuits verbraucht sind. Tirami Su zugedeckt über Nacht in den Kühlschrank stellen. Mit Kakao bestreut servieren. (Ohne Wartezeit 40 Minuten)

Dieses Rezept ist für zehn Portionen berechnet und enthält: Eiweiß: 84 g, Fett: 142 g, Kohlenhydrate: 413 g, 3653 Kalorien, pro Portion ca. 365 Kalorien

Sahnecreme mit Rum: Panna Cotta

7 Blatt weisse Gelatine,
2 Becher
Schlagsahne à 250 g,
120 g Puderzucker,
1 unbehandelte Zitrone,
1 Vanillestange,
3 Essl. weisser Rum,
Butter für die Förmchen,
80 g Zucker,
6 Erdbeeren.

Gelatine in kaltem Wasser einweichen. Die Hälfte der Sahne mit 80 Gramm Puderzucker, Zitronenschale und Vanillestange aufkochen. Von der Kochstelle nehmen und Zitronenschale und Vanillestange entfernen. Rum und ausgedrückte Gelatine in die heiße Sahne geben und verrühren. In eine große Schüssel geben und abkühlen lassen. Sechs Puddingförmchen oder Tassen mit Butter dünn ausstreichen. Zucker mit vier Eßlöffel Wasser aufkochen, dabei ständig rühren. Wenn der Zucker geschmolzen ist und die Flüssigkeit Blasen wirft, Zitronensaft zugeben. So lange weiterkochen, bis der Zucker goldgelb karamelisiert. Karamel auf die Förmchen verteilen. Restliche Sahne mit restlichem Puderzucker steif schlagen. Unter die abgekühlte, halbfeste Sahne heben und in die Förmchen geben. Glattstreichen und ein paarmal auf die Tischkante stoßen, damit Luftbläschen entweichen können. Mindestens zwei Stunden kühl stellen. Aus den Förmchen stürzen und mit halbierten Erdbeeren servieren. (Ohne Wartezeit 25 Minuten)

Dieses Rezept ist für sechs Portionen berechnet und enthält: Eiweiß: 30 g, Fett: 189 g, Kohlenhydrate: 221 g, 2665 Kalorien, pro Portion ca. 445 Kalorien

Trifle mit Rum und Sherry

1 fertiger Sandkuchen (etwa 400 g),
100 g Himbeerkonfitüre,
200 g Mandelstifte,
100 ml Rum, 150 ml Sherry,
1 Paket Vanille-Puddingpulver,
1/2 l Milch, 4 Essl. Zucker,
2 Becher Schlagsahne à 250 g,
1 Paket TK-Himbeeren (250 g).

Kuchen in etwa zwei Zentimeter dicke Scheiben schneiden und mit der Konfitüre bestreichen. Den Boden einer Glasschüssel mit zwei oder drei Stück Kuchen auslegen. Restlichen Kuchen in Würfel schneiden und auf den Kuchenboden geben. Mandeln in einer Pfanne ohne Fett anrösten. Zwei Eßlöffel Mandeln beiseite legen. Den Rest über den Kuchen streuen. Rum und Sherry darübergießen. Pudding nach Anweisung mit Milch und zwei Eßlöffel Zucker kochen. Etwas abkühlen lassen. Einen Becher Sahne unter den Pudding rühren. Aufgetaute Himbeeren über den Kuchen streuen, dabei einige für die Garnitur zurückbehalten. Restliche Sahne mit dem restlichen Zucker steif schlagen. Pudding und Sahne nacheinander über den Kuchen streichen. Mit restlichen Mandeln und Himbeeren bestreuen. Etwa eine Stunde in den Kühlschrank stellen. (Ohne Wartezeit 40 Minuten)

Dieses Rezept ist für acht Portionen berechnet und enthält: Eiweiß: 97 g, Fett: 361 g, Kohlenhydrate: 518 g, 6275 Kalorien, pro Portion ca. 780 Kalorien

Mango mit Orangensirup

1 reife Mango,
1 Orange,
50 g Orangeat,
2 Essl. brauner Zucker.

Mango dünn abschälen, dabei über einen Teller halten, um den heruntertropfenden Saft aufzufangen. Das Fruchtfleisch in Spalten vom Kern lösen. Mangospalten auf vier Dessertteller verteilen. Mango- und Orangensaft mit feingehacktem Orangeat und braunem Zucker in einen Topf geben. Unter Rühren im offenen Topf bei mittlerer Hitze so lange kochen, bis der Saft sirupartig eingedickt ist. Jeweils zwei Eßlöffel Sirup über die Mangospalten gießen und sofort servieren.
(20 Minuten)

Dieses Rezept ist für vier Portionen berechnet und enthält: Eiweiß: 5 g, Fett: 0 g, Kohlenhydrate: 128 g, 560 Kalorien, pro Portion ca. 140 Kalorien

Trifle mit Rum und Sherry: Englische Schichtspeise

Mango mit Orangensirup

Birnen-Traubensalat

500 g Weintrauben
(blaue und grüne),
3 weiche Birnen,
2 Essl. flüssiger Honig,
1/2 Zitrone,
100 g Walnüsse.

Weintrauben abspülen und trockentupfen. Eventuell halbieren und entkernen. Birnen schälen, halbieren und entkernen. Birnen in Spalten schneiden. Honig mit Zitronensaft verrühren. Über die Früchte gießen und etwa eine Stunde durchziehen lassen. Mit Walnußkernen garniert servieren.
(Ohne Wartezeit 30 Minuten)

Dieses Rezept ist für sechs Portionen berechnet und enthält: Eiweiß: 16 g, Fett: 34 g, Kohlenhydrate: 230 g, 1261 Kalorien, pro Portion ca. 210 Kalorien

Dazu: Schlagsahne oder Vanillesosse

200 g rote Johannisbeeren,
200 g reife Stachelbeeren,
250 g Himbeeren,
1 Becher Joghurt (10 %),
4 Essl. frisch gepresster Orangensaft,
2 Essl. Zucker,
etwa 18 Hohlhippen
(oder 125 g anderes Waffelgebäck),
4 Essl. Eierlikör
(eventuell weglassen),
Minzeblättchen.

Beerensalat mit Joghurtsoße

Johannisbeeren waschen und von den Rispen streifen. Stachelbeeren putzen, waschen und halbieren. Himbeeren verlesen, eventuell vorsichtig waschen. Die Früchte gut trockentupfen und mischen. Joghurt mit Orangensaft und Zucker verrühren. Gebäck auf Tellern anrichten und mit Eierlikör beträufeln. Beeren darauf anrichten und mit der Joghurtsoße übergießen. Mit Minzeblättchen garnieren und sofort servieren.
(15 Minuten)

Dieses Rezept ist für sechs Portionen berechnet und enthält: Eiweiß: 24 g, Fett: 22 g, Kohlenhydrate: 205 g, 1220 Kalorien, pro Portion ca. 205 Kalorien

Salat aus Zitrusfrüchten

Je 1 gelbe und rosa Grapefruit,
2 Orangen,
2 Essl. Orangenlikör
(eventuell weglassen),
2 Essl. Pinienkerne,
1 Becher Schlagsahne (250 g),
2 Essl. Ahornsirup.

Zitrusfrüchte so dick schälen, daß die weiße Haut mitentfernt wird. Mit einem scharfen Messer die Filets herauslösen, dabei den Saft auffangen. Saft mit Orangenlikör vermischen. Fruchtspalten auf Portionstellern anrichten und mit dem Likör beträufeln. Pinienkerne in einer Pfanne ohne Fett hellbraun rösten. Sahne halbsteif schlagen und den Ahornsirup unterrühren. Über den Salat geben und mit Pinienkernen bestreuen.
(30 Minuten)

Dieses Rezept ist für vier Portionen berechnet und enthält: Eiweiß: 21 g, Fett: 88 g, Kohlenhydrate: 84 g, 1095 Kalorien, pro Portion ca. 275 Kalorien

Grapefruits mit Sherryschaum

2 Grapefruits,
20 g Mandelblättchen,
2 Essl. Puderzucker,
2 Eigelb,
100 ml Cream-Sherry,
1 Prise Zimt.

Grapefruits so dick abschälen, daß die weiße Haut mitentfernt wird. Grapefruitfilets auf Portionstellern anrichten. Mandeln ohne Fett in einer Pfanne hellbraun rösten. Über die Grapefruits streuen und dünn mit einem Teelöffel Puderzucker bestäuben. Eigelb, restlichen Puderzucker und Sherry im heißen Wasserbad (der Topfboden darf die Wasseroberfläche nicht berühren) schaumig schlagen. Mit Zimt abschmecken. Über die Grapefruits gießen. Sofort servieren. (20 Minuten)

Dieses Rezept ist für vier Portionen berechnet und enthält: Eiweiß: 14 g, Fett: 41 g, Kohlenhydrate: 97 g, 731 Kalorien, pro Portion ca. 180 Kalorien

Obstsalat mit Vanille-Joghurt-Soße

2 Äpfel, 1 Banane,
1/2 Zitrone, 2 Orangen,
1 Ei, 2 Essl. Zucker,
1/2 Becher Joghurt (75 g),
1 Vanilleschote,
1/2 Becher
Schlagsahne (100 g).

Apfelspalten und Bananenscheiben mit Zitronensaft beträufeln. Mit Orangenstücken auf vier Desserttellern verteilen. Für die Soße Eiweiß steif schlagen, dabei Zucker einrieseln lassen. Joghurt mit ausgekratztem Vanillemark und Eigelb mit einem Schneebesen verrühren. Eischnee und steifgeschlagene Sahne unterheben. Zum Essen über den Obstsalat geben. (20 Minuten)

Dieses Rezept ist für vier Portionen berechnet und enthält: Eiweiß: 18 g, Fett: 43 g, Kohlenhydrate: 131 g, 992 Kalorien, pro Portion ca. 250 Kalorien

Curry-Pfirsiche

8 Pfirsichhälften
aus der Dose,
Fett für die Form,
80 g brauner Zucker,
1 gehäufter Teel.
milder Curry,
50 g Butter,
evtl. 2 Essl. Orangenlikör,
1 Paket Vanilleeis (500 g),
1 Becher Schlagsahne (200 g).

Abgetropfte Früchte mit der Schnittfläche nach oben in eine gefettete Auflaufform legen. Zucker und Curry gut mischen und über die Pfirsiche streuen. Butterflöckchen darauf verteilen und die Form in den Backofen schieben. Auf 200 Grad/Gas Stufe 3 schalten und etwa 15 Minuten backen. Mit Orangenlikör beträufeln und mit Vanilleeis und steifgeschlagener Sahne anrichten.
(20 Minuten)

Dieses Rezept ist für vier Portionen berechnet und enthält: Eiweiß: 9 g, Fett: 121 g, Kohlenhydrate: 326 g, 2557 Kalorien, pro Portion ca. 640 Kalorien

Quark-Schichtspeise mit Mandarinen

2 Eier, 1 Vanilleschote,
100 g Zucker,
500 g Quark (20 %),
1 Becher Schlagsahne (250 g),
125 g Pumpernickel,
2 Dosen Mandarinen
à 175 g Einwaage,
3 Essl. Orangenlikör
(ersatzweise Mandarinensaft),
30 g Borkenschokolade.

Eigelb, ausgekratztes Vanillemark und Zucker hellschaumig schlagen. Quark unterrühren. Steifgeschlagenes Eiweiß und steifgeschlagene Sahne unterheben. Pumpernickel zerbröckeln und abgetropfte Mandarinen abwechselnd in eine Schüssel schichten. Mit Borkenschokolade bestreuen.
(15 Minuten)

Dieses Rezept ist für sechs Portionen berechnet und enthält: Eiweiß: 95 g, Fett: 128 g, Kohlenhydrate: 298 g, 2826 Kalorien, pro Portion ca. 470 Kalorien

Brombeeren und Äpfel mit Honigbaiser

vollwertig

500 g säuerliche Äpfel,
1 Zitrone,
200 g Brombeeren
(eventuell TK-Früchte),
2 Eiweiss,
50 g flüssiger Honig.

Äpfel vierteln, entkernen und in Spalten schneiden. Mit Zitronensaft beträufeln. Mit den Brombeeren in eine ofenfeste Form geben. In den Backofen stellen, auf 250 Grad/Gas Stufe 5 schalten und 15 Minuten garen. Inzwischen Eiweiß mit den Quirlen des Handrührgerätes schlagen, bis ein sehr fester Schnee entstanden ist. Unter ständigem Schlagen den Honig zugießen. Weiterschlagen, bis der Honig sich mit dem Eischnee verbunden hat. Die Baisermasse auf dem Obst verteilen, wieder in den Ofen stellen und noch fünf Minuten überbacken, bis die Baiserhaube hellbraun ist.
(25 Minuten)

Dieses Rezept ist für vier Portionen berechnet und enthält: Eiweiß: 10 g, Fett: 6 g, Kohlenhydrate: 123 g, 572 Kalorien, pro Portion ca. 145 Kalorien

Mandarinen mit Marzipansoße

2 Eigelb, 40 g Zucker,
50 g Marzipanmasse,
4 Essl. Schlagsahne,
Puderzucker zum Bestäuben,
4 Mandarinen,
1 Essl. Pistazien (ersatzweise Mandelblättchen).

Eigelb und Zucker mit den Quirlen des Handrührgerätes im Wasserbad schaumig schlagen. Zerbröckeltes Marzipan und Sahne unter ständigem Weiterschlagen zufügen. Vier Portionsteller leicht mit Puderzucker bestäuben. Mandarinen schälen und blütenförmig in Spalten teilen. Mit der Marzipansoße begießen und mit gehackten Pistazien bestreut servieren. (20 Minuten)

Dieses Rezept ist für vier Portionen berechnet und enthält: Eiweiß: 12 g, Fett: 49 g, Kohlenhydrate: 80 g, 861 Kalorien, pro Portion ca. 215 Kalorien

Rhabarber-Schichtspeise

700 g Rhabarber,
1 Päckchen Vanillepuddingpulver,
60–80 g Zucker,
4 Zwiebäcke,
125 g Mandeln,
1 Becher Schlagsahne (200 g),
1 Päckchen Vanillezucker,
4 cl Eierlikör (eventuell weglassen).

Rhabarber in kleine Stücke schneiden. In wenig Wasser bei kleiner Hitze zehn Minuten dünsten. Puddingpulver mit vier Eßlöffel Wasser anrühren. Zum Rhabarber geben und einmal aufkochen. Mit Zucker nach Geschmack süßen. Abkühlen lassen. Zerbröselten Zwieback und gehackte Mandeln ohne Fett bei mittlerer Hitze anrösten. Zwei Eßlöffel Zucker unterrühren. Abkühlen lassen. Rhabarber und Zwieback-Mandel-Mischung in Dessertgläser schichten. Sahne steif schlagen. Vanillezucker und Eierlikör untermischen. Die Sahne auf das Dessert geben. Gekühlt servieren. (30 Minuten)

Dieses Rezept ist für sechs Portionen berechnet und enthält: Eiweiß: 37 g, Fett: 140 g, Kohlenhydrate: 201 g, 2280 Kalorien, pro Portion ca. 380 Kalorien

Mandarinen mit Marzipansoße

Rhabarber-Schichtspeise

Bratäpfel mit Weinsoße

6 Äpfel, 125 g Rosinen,
125 g getrocknete Aprikosen,
1 Essl. Sonnenblumenkerne,
1 Essl. Honig, 20 g Butter,
1 Paket Weissweincreme
(„ohne Kochen“),
1/4 l Apfelsaft,
1 Becher Joghurt (10 %).

Aus den Äpfeln die Kerngehäuse ausstechen. Rosinen, Aprikosenstreifen, Sonnenblumenkerne und Honig mischen. In die Äpfel füllen. Äpfel in eine ofenfeste Form setzen und mit zerlassener Butter beträufeln. In den Backofen schieben, auf 200 Grad/Gas Stufe 3 schalten und etwa 25 Minuten backen. Inzwischen Weißwein aus der Packung und Apfelsaft vermischen. Cremepulver mit dem Schneebesen des Handrührgerätes nach Anweisung auf der Packung unterrühren. Joghurt unterziehen. Soße zu den heißen Äpfeln servieren.
(40 Minuten)

Dieses Rezept ist für sechs Portionen berechnet und enthält: Eiweiß: 25 g, Fett: 49 g, Kohlenhydrate: 331 g, 2171 Kalorien, pro Portion ca. 360 Kalorien

Feigen-Kompott

1 Vanilleschote,
100 g Honig,
12 Feigen,
evtl. 3 Essl. Kirschwasser.

Einen halben Liter Wasser mit ausgekratztem Vanillemark und Honig zum Kochen bringen. Die Früchte hineingeben und etwa fünf Minuten bei kleiner Hitze kochen, dabei ab und an wenden. Herausnehmen und abkühlen lassen. Kirschwasser zu dem Sud geben und über die Früchte gießen.
(Ohne Wartezeit 15 Minuten)

Dieses Rezept ist für sechs Portionen berechnet und enthält: Eiweiß: 10 g, Fett: 10 g, Kohlenhydrate: 170 g, 825 Kalorien, pro Portion ca. 135 Kalorien

Dazu: Honigeis

Obst in Gelee

6 Pfirsiche,
500 g Sauerkirschen,
9 Blatt weisse Gelatine,
1/2 l Apfelsaft,
1/4 l Sherry
(ersatzweise Apfelsaft),
1 Zimtstange,
1 Vanilleschote,
100 g Zucker,
1 Becher Dickmilch (500 g),
1 Zitrone,
1/2 Becher
Schlagsahne (125 g).

Pfirsiche mit kochendem Wasser übergießen. Die Haut abziehen. Pfirsiche halbieren, entkernen und in Stücke schneiden. Kirschen waschen, entstielen und entkernen. Gelatine in kaltem Wasser einweichen. Apfelsaft, Sherry, Zimtstange, Vanilleschote und etwa drei Eßlöffel Zucker aufkochen lassen. Gelatine ausdrücken und in der heißen Flüssigkeit auflösen. Eine Kastenforn (oder eine Schüssel) etwa einen Zentimeter hoch damit füllen. Im Kühlschrank erstarren lassen. Obst darauf anrichten und mit der restlichen Flüssigkeit begießen. Im Kühlschrank über Nacht fest werden lassen. Die Form kurz in heißes Wasser tauchen und das Gelee auf eine Platte stürzen. Dickmilch mit restlichem Zucker und Zitronensaft verrühren. Steifgeschlagene Sahne unterziehen und zum Gelee servieren. (Ohne Wartezeit 30 Minuten)

Dieses Rezept ist für acht Portionen berechnet und enthält: Eiweiß: 50 g, Fett: 50 g, Kohlenhydrate: 390 g, 2370 Kalorien, pro Portion ca. 295 Kalorien

Rotwein-Früchte-Gelee

Je 200 g Kirschen,
Johannisbeeren und
Erdbeeren,
120 g Zucker,
2 Blatt weisse und
6 Blatt rote Gelatine,
1/8 l Buttermilch,
3/8 l Rotwein
(ersatzweise Traubensaft),
1 Orange.

Kirschen entsteinen, Johannisbeeren von den Rispen streifen, Erdbeeren putzen. Mit zwei Eßlöffel Zucker bestreuen und kühl stellen. Weiße und rote Gelatine getrennt in kaltem Wasser einweichen. Buttermilch mit einem Eßlöffel Zucker verrühren. Weiße Gelatine ausdrücken und in zwei Eßlöffel heißem Wasser auflösen. Unter die Buttermilch rühren. Buttermilch in eine Rehrükkenform gießen (Inhalt 1 Liter) und im Kühlschrank fest werden lassen. Früchte abtropfen lassen und auf das erstarrte Buttermilchgelee geben. Aufgefangenen Fruchtsaft mit Rotwein und restlichem Zucker vermischen und erwärmen. Ausgedrückte rote Gelatine darin auflösen. Orangensaft zugießen und abkühlen lassen. Rehrückenform mit Gelierflüssigkeit füllen und über Nacht im Kühlschrank fest werden lassen. (Ohne Wartezeit 20 Minuten)

Dieses Rezept ist für zehn Portionen berechnet und enthält: Eiweiß: 30 g, Fett: 3 g, Kohlenhydrate: 212 g, 1185 Kalorien, pro Portion ca. 119 Kalorien

Obst in Gelee

Rotwein-Früchte-Gelee

Zitrusgelee mit Gin

7 Blatt weisse Gelatine,
6 Orangen,
2 Zitronen,
2 Bananen,
etwa 50 g Zucker,
1 Schnapsglas Gin (2 cl).

Gelatine in kaltem Wasser einweichen. Fünf Orangen und die Zitronen auspressen. Einen halben Liter Saft abmessen. Die restliche Orange so dick schälen, daß die weiße Haut mitentfernt wird. Orange in Scheiben schneiden. Die Scheiben halbieren. Die Bananen schälen und in Scheiben schneiden. Mit etwas Zitrussaft beträufeln. Restlichen Saft mit Zucker und Gin verrühren. Gelatine in drei Eßlöffel heißem Saft auflösen. Restlichen Saft langsam unter Rühren zugießen. Bananen- und Orangenscheiben in eine Schüssel geben oder auf vier Portionsgläser verteilen. Geleeflüssigkeit darübergießen. Im Kühlschrank über Nacht fest werden lassen. (Ohne Wartezeit 25 Minuten)

Dieses Rezept ist für vier Portionen berechnet und enthält: Eiweiß: 19 g, Fett: 0 g, Kohlenhydrate: 195 g, 987 Kalorien, pro Portion ca. 245 Kalorien

Dazu: Vanillesahne

6 Blatt weisse Gelatine,
3 Orangen, 1 Zitrone,
200 ml Apfelsaft,
50 ml Campari,
1 Essl. Zucker.

Gelatine in kaltem Wasser einweichen. Zwei Orangen und die Zitrone auspressen. Einen Viertelliter Saft abmessen. Apfelsaft, Campari und

Zitrusgelee mit Campari

Zucker zugeben. Bei kleiner Hitze erwärmen. Gelatine in der heißen Flüssigkeit auflösen. Vier Portionsschalen jeweils bis zu einem Drittel mit der Geleeflüssigkeit füllen. Im Kühlschrank fest werden lassen. Die dritte Orange heiß abwaschen und in Scheiben schneiden. Jede Scheibe bis zur Mitte einschneiden und gegeneinanderdrehen, so daß eine Art Spirale entsteht. Je zwei davon auf das Gelee legen. Die restliche Geleeflüssigkeit darübergießen und über Nacht im Kühlschrank fest werden lassen. (Ohne Wartezeit 30 Minuten)

Dieses Rezept ist für vier Portionen berechnet und enthält: Eiweiß: 4 g, Fett: 0 g, Kohlenhydrate: 98 g, 565 Kalorien, pro Portion ca. 140 Kalorien

Stachelbeersuppe mit Bananenklößchen

500 g Stachelbeeren,
1/2 l Weisswein
(ersatzweise Apfelsaft),
1/4 l Apfelsaft,
1 Vanilleschote,
50 g Sago,
etwa 100 g Zucker,
gemahlener Kardamom,
2 Eiweiss, 1 Banane.

Stachelbeeren waschen und von Stiel und Blüte befreien. Stachelbeeren mit Wein, Apfelsaft und ausgekratztem Mark der Vanilleschote zehn Minuten auf kleiner Hitze kochen. Sago einstreuen und bei kleinster Hitze im geschlossenen Topf 15 Minuten quellen lassen. Suppe mit Zucker und Kardamom abschmecken. Abkühlen lassen. Eiweiß steif schlagen. Geschälte Banane mit einer Gabel zerdrücken. Bananenmus unter den Eischnee heben. Mit einem Teelöffel kleine Klößchen abstechen und auf die Suppe geben. (35 Minuten)

Dieses Rezept ist für vier Portionen berechnet und enthält: Eiweiß: 14 g, Fett: 0 g, Kohlenhydrate: 308 g, 1659 Kalorien, pro Portion ca. 415 Kalorien

Buttermilchkaltschale

150 g Pumpernickel,
1 l Buttermilch,
1 Zitrone,
1 Päckchen
Vanillesossenpulver,
150 g Zucker,
500 g Erdbeeren.

Pumpernickelscheiben ausgebreitet im warmen Backofen trocknen lassen. Buttermilch mit abgeriebener Zitronenschale, Soßenpulver und 75 Gramm Zucker verrühren. Unter ständigem Rühren mit einem Schneebesen aufkochen. Abkühlen lassen. Erdbeeren waschen, putzen und trockentupfen. Die Früchte halbieren oder vierteln. Auf Portionstellern verteilen. Pumpernickel im Blitzhacker zerkleinern oder reiben. Mit restlichem Zukker mischen. Kalte Buttermilchsuppe über die Erdbeeren geben und mit Pumpernickel bestreuen. (Ohne Wartezeit 15 Minuten)

Dieses Rezept ist für fünf Portionen berechnet und enthält: Eiweiß: 59 g, Fett: 31 g, Kohlenhydrate: 350 g, 1828 Kalorien, pro Portion ca. 370 Kalorien

Reis Trauttmansdorff mit Maraschino

125 g kandierte Früchte (Kirschen, Orangenscheiben), 2 Gläschen Maraschino (oder anderer Kirschlikör; 4 cl), 1/2 l Milch, 30 g Zucker, 1 Vanilleschote, 125 g Milchreis, 3 Blatt weisse Gelatine, 1/2 Becher Schlagsahne (125 g).

Kandierte Früchte kleinschneiden und mit Maraschino beträufeln. Zugedeckt stehenlassen. Milch mit Zucker und ausgekratztem Vanillemark zum Kochen bringen.

Reis zugeben und bei kleiner Hitze im geschlossenen Topf etwa 40 Minuten quellen lassen. Gelatine in kaltem Wasser einweichen. Ausdrücken und im heißen Reis auflösen. Reis abkühlen lassen. Schlagsahne steif schlagen. Sahne und Früchte mit Maraschino unter den Reis heben. Den Reis in eine kalt ausgespülte Puddingform füllen. Über Nacht kalt stellen. Zum Servieren die Form kurz in heißes Wasser tauchen und den Reis auf eine Platte stürzen. (Ohne Wartezeit 1 Stunde)

Dieses Rezept ist für fünf Portionen berechnet und enthält: Eiweiß: 38 g, Fett: 56 g, Kohlenhydrate: 469 g, 2673 Kalorien, pro Portion ca. 535 Kalorien

Dazu: Kompott

500 g Quark (40 %), 50 g Speisestärke, 200 g Puderzucker, 4 Eier, 2 Essl. Rum (ersatzweise 1 Essl. Zitronensaft), 1 Päckchen Vanillinzucker, 1/2 unbehandelte Zitrone, Butter zum Ausfetten, 750 g Erdbeeren.

Erdbeer-Gratin

Quark, Speisestärke, 180 Gramm Puderzucker, Eigelb, Rum, Vanillinzucker und abgeriebene Zitronenschale verrühren. Eiweiß steif schlagen und unter die Quarkcreme ziehen. Sechs tiefe, ofenfeste Teller ausfetten. Quarkcreme auf die Teller verteilen. Halbierte Erdbeeren kreisförmig auf die Creme legen. In den Backofen schieben, auf 200 Grad/Gas Stufe 3 schalten und etwa 45 Minuten goldbraun backen. Mit dem restlichen Puderzucker bestreuen.
(1 Stunde)

Dieses Rezept ist für sechs Portionen berechnet und enthält: Eiweiß: 34 g, Fett: 118 g, Kohlenhydrate: 316 g, 2660 Kalorien, pro Portion ca. 440 Kalorien

Crêpes Suzette

Teig:
50 g Butter, 100 g Mehl,
1 Prise Salz,
50 g Puderzucker,
3 Eier, 1/8 l Milch,
1 Becher Schlagsahne (250 g);
40 g Butter oder Margarine
zum Braten;
Sosse:
50 g Butter, 75 g Zucker,
2 unbehandelte Orangen,
4 Essl. Orangenlikör
(eventuell weglassen).

Butter schmelzen und etwas abkühlen lassen. Mehl, Salz, Puderzucker, Eier, Milch und ungeschlagene Sahne verrühren. Flüssige Butter unterziehen. Aus dem Teig in heißem Fett nacheinander etwa 12 sehr dünne Pfannkuchen backen. Jeden Pfannkuchen zu einem Viertel zusammenklappen. Für die Soße Butter, Zucker, den ausgepreßten Orangensaft und Orangenschalenstreifen erhitzen, bis der Zucker gelöst ist. Orangenlikör zugeben. Die Crêpes in der heißen Soße einige Minuten durchziehen lassen. (30 Minuten)

Dieses Rezept ist für sechs Portionen berechnet und enthält: Eiweiß: 46 g, Fett: 230 g, Kohlenhydrate: 267 g, 3318 Kalorien, pro Portion ca. 555 Kalorien

Register

V = Vollwertrezept

Brigitte-Themen als Brigitte-Bücher

Naturheilweisen
vorbeugen – helfen – heilen
Von Renate Scholz und Margaret Minker

Schönheitsoperationen
Entscheidungshilfen – Operationsmethoden – Alternativen
Von Margaret Minker und Renate Scholz

Körperkorrekturen
Ein Ratgeber für Erwachsene und Kinder
Von Renate Scholz

Gymnastik
Von Ilse Döring

Fit & Schön
Bewegung, Entspannung, Ernährung, Gesundheit
Von Karin Felix

Brigitte Diät
Von Helga Köster

Brigitte Diät/2
Von Helga Köster

Brigitte-Vollwert-Diät
Von Barbara Rias-Bucher

Vollwert. Jeden Tag!
Von Barbara Rias-Bucher

Vollwert-Menüs
Von Barbara Rias-Bucher

Fleischlos glücklich
Von Elisabeth Lange

Kochen für die Klicke

Mikrowelle
Von Inge Schiermann

Backen
Die 150 besten Rezepte mit Backschule für 10 Teige
Von Burgunde Uhlig und Christa Lösch

Brigitte-Rezepte
Die 300 beliebtesten Sammelrezepte aus Brigitte

Das mache ich selbst
Reparaturen zu Hause – leichtgemacht
Von Walter Diem

Puppenmode
Von J. Barthel und G. Heine

Kinderfeste
Von Gisela Könemund

Kinder basteln
Von Gisela Könemund

Starke Mädchen
Geschichten für Kinder
Von Anne Steinwart

Neues Nähen
Von Käthe Fischer und Antje v. d. Heyde

Heiraten
Das genaue Drehbuch für das schönste Fest Ihres Lebens
Von Hannelore Krollpfeiffer

wer hat schon flügel
Gedichte von Anne Steinwart

Nicht aufzuhalten
Neue Gedichte von Anne Steinwart

Den Arm voller Blumen für euch
Gedichte

Weil es nichts Schöneres gibt
Liebesgedichte

Tränen ersatzlos gestrichen
Gedichte von Frauen

Nähe ganz nahe Nähe
Gedichte vom Leben zu zweit

Woher kommt die Hoffnung
Gedichte

Wir treffen uns morgen
Die schönsten Erzählungen aus Brigitte

Empfängnisverhütung
Von Angelika Blume

Wechseljahre
Von Sylvia Schneider

Männerleben
Sexualität, Beziehungen, Gesundheit
Von Sylvia Schneider

Als Kind mißbraucht
Von Angelika Gardiner-Sirtl

Strategien für Frauen im Beruf
Von Janice LaRouche und Regina Ryan

Frauen machen sich selbständig
Von Erika Markmann

Frauenberufe mit Zukunft
44 Berufsporträts mit Planungshilfen und Checklisten
Von Eva Dörpinghaus

Wenn Sie mich so fragen
Rosemarie von Zitzewitz gibt Antworten auf Benimmfragen

Das zweite Glück
Erfahrungen mit der zweiten Partnerschaft
Von Andrea Kunsemüller

Eine Familie bleiben
Das gemeinsame Sorgerecht – ein neuer Weg bei Ehescheidungen
Von Barbara Wilde

Mit eigenen Augen sehen
Selbstliebe lernen
Körpergefühl verbessern
Ein Handbuch für Frauen
Von Margaret Minker

Selbstsicher reden
Ein Leitfaden für Frauen
Von Christiane Tillner und Norbert Franck